KNUTH MARTENS

VERLASSENES LAND

KNUTH MARTENS

VERLASSENES LAND

ÜBER MENSCHEN UND MENSCHLICHKEIT

IM UKRAINE-KRIEG

Fotos: Kathrin Anderseck, Knuth Martens, Jürgen Perteck
Coverfoto: Kathrin Anderseck

ISBN: 978-9-403-66078-3
Selfpublishing-Portal: Bookmundo
Gedruckt in Deutschland

INHALT

VORWORT

Dieses Buch entstand im Zusammenhang mit einer humanitären Hilfsaktion an der polnisch-ukrainischen Grenze, die der gemeinnützige Verein Menschenfreude e.V. organisiert hatte. Der Verein hat sich zum Ziel gesetzt, Menschen in besonderen Lebenslagen dabei zu helfen, ihr Leben einfacher zu machen und ihnen eine Freude zu bereiten. Sie sollen gestärkt und mit neuem Mut in die Zukunft blicken können. Um dieses Ziel zu erreichen, wird Kindern, Jugendlichen und Erwachsenen zum Beispiel der Zugang zu Bildung erleichtert, die Versorgung mit medizinischer Hilfe sowie Trinkwasser unterstützt und es werden Geld- und Sachspenden zu schneller und unbürokratischer Hilfe vermittelt.

Der Hilfstransport an die polnisch-ukrainische Grenze wurde in kurzer Zeit nach Ausbruch des Krieges organisiert und fand vom 8.-12. März 2022 statt. An der Aktion waren 24 Fahrerinnen und Fahrer mit 12 Transportfahrzeugen und zwei LKWs beteiligt, die rund 39 Tonnen Hilfsgüter verteilten. Auf unserer Rückreise sind insgesamt 37 ukrainische Flüchtlinge mit nach Deutschland oder in das benachbarte Ausland gefahren, wo sie zunächst einmal ein neues zu Hause gefunden haben. In den Folgewochen wurden und werden weitere Hilfstransporte durchgeführt.

Die Erfahrungen, Begegnungen und Gespräche bei dieser Hilfsaktion waren so tief berührend, dass ich daraus ein kleines Buch gemacht habe. Mir geht es darum, mit diesem Buch Flüchtlingsschicksale aufzuzeigen und für weitere Hilfe zu werben. Die Fernsehbilder, und seien sie noch so schrecklich, leisten dafür schon viel. Meine Ausführungen sollen aus unmittelbar Erlebtem eine weitere persönliche Perspektive vermitteln. Bisher ist die Bereitschaft zur Unterstützung der ukrainischen Flüchtlinge in unserer Gesellschaft sehr groß, bei vielen fast schon grenzenlos. Ich wünsche mir, dass das auch dann so bleibt, wenn sich die erste Welle etwas gelegt hat und es vielleicht auch um persönlichen Verzicht geht. Es wäre schön, wenn dieses Buch einen kleinen Beitrag dazu leisten könnte.

Mein Dank gilt vor allem Jürgen Perteck, erster Vorsitzender und Gründer des Vereins Menschenfreude e.V. Er hat nicht nur das Manuskript Korrektur gelesen und mir Bilder zur Verfügung gestellt. Seinem unglaublichen Einsatz und seiner Begeisterungsfähigkeit ist es zu verdanken, dass dieses Hilfsprojekt stattgefunden hat und ich daran teilgenommen habe. Das dabei Erlebte werde ich nicht vergessen und ist für mich Ansporn für weiteres Engagement. Danken möchte ich auch Kathrin Anderseck, verantwortlich für die Kommunikation im Verein Menschenfreude e.V. Sie hat ebenfalls an der Hilfsaktion teilgenommen und in zwei Beiträgen berührende Erlebnisse geschildert, die ich in dieses Buch aufnehmen durfte. Auch für die Überlassung eindrucksvoller Bilder bin ich ihr sehr dankbar. Weiterhin hat sie Yana aus Kiew einige Fragen gestellt. Yana ist mit uns zurückgereist und lebt heute mit ihrer Großmutter und ihrem

Bruder bei Kathrin; auch ihr danke ich ganz herzlich für ihre Mitwirkung. Ein besonderer Dank gilt der Eigentümerin der Buchhandlung Brockmann in Brühl, Konstantina Lazaridou-Spitz. Sie hatte in einer frühen Phase den Mut, die Leseprobe eines unbekannten Autors zum Anlass für eine Abendveranstaltung zu nehmen und mir damit die Möglichkeit gegeben, einem interessierten Hörerkreis meine Erfahrungen näher zu bringen. Außerdem haben mir ihre vielfältigen Tipps geholfen, die Buchveröffentlichung voranzutreiben. Schließlich gilt mein Dank meiner Frau Stefanie und meinem Schwiegervater Helmut Peek, die mich in meinem Vorhaben stets konstruktiv begleitet, die kritische Durchsicht des Manuskripts vorgenommen und bei der Gestaltung der Druckvorlage entscheidend mitgewirkt haben.

Ich möchte mit diesem Buch die Aktivitäten des Vereins Menschenfreude e.V. unterstützen. Aus diesem Grund werde ich dem Verein den Gewinn aus dem Buchverkauf für weitere Ukraine-Projekte zur Verfügung stellen.

Abschließend bitte ich um Verständnis, dass zur Wahrung des Persönlichkeitsschutzes bis auf einige Ausnahmen und dann mit ausdrücklicher Zustimmung der Betroffenen die genannten Namen mit den tatsächlichen nicht übereinstimmen.

Brühl, im April 2022

Knuth Martens

24. FEBRUAR 2022

Jürgen ist das Gesicht des gemeinnützigen Vereins Menschenfreude e.V. Nach meiner inzwischen gefestigten Überzeugung ist er ein äußerst positiver, gutmütiger und sozialer Charakter – ein Macher mit großem Herz, der schlimmen Themen unserer Zeit mit unglaublichem Engagement begegnet, um die Welt ein bisschen besser zu machen. Jürgen ist auch ein grandioser Erzähler, der begeistern kann: Ehrlich, überzeugend, endlos viel positive Energie ausstrahlend, manchmal auch etwas anstrengend.

Ich lernte ihn im Sommer 2021 kennen, als ich zusammen mit meiner Frau Stefanie bei der Bewältigung der Folgen der Jahrhundertflut helfen wollte. Alleine in Rheinland Pfalz und Nordrhein Westfalen starben damals 160 Menschen, unzählige wurden obdachlos und verloren ihre Existenz. Wir übernahmen Transporte, sammelten Spenden, lieferten diese aus und überlegten, wie wir uns weitergehend bei den förderungswürdigen Aktivitäten des Vereins in Nah und Fern einbringen können. Für alle Fälle traten wir der WhatsApp-Gruppe des Vereins bei, um über die Projekte stets auf dem Laufenden zu sein.

Karneval steht vor der Tür, im Rheinland ein besonderer Höhepunkt, auf den auch wir uns immer wieder freuen. Leider hat Corona in den letzten Jahren alle Planungen durchkreuzt und so ist es auch in diesem Jahr.

Wir werden Weiberfastnacht am 24. Februar 2022, der Beginn des Straßenkarnevals, wieder aussetzen und auf bessere Umstände im nächsten Jahr hoffen. Dass es an diesem Tag mit dem Angriff auf die Ukraine noch ein weiteres Ereignis geben würde, das ausgelassene Feierlichkeiten unmöglich macht, haben wir nicht erwartet.

Die täglich zunehmend eskalierende Situation in der Ukraine macht uns Sorgen. Wir verfolgen intensiv die Berichterstattung, besuchen am Karnevalssonntag eine Veranstaltung von Pulse of Europe auf dem Roncalliplatz in Köln. Die Solidarität mit dem ukrainischen Volk ist schon zu diesem frühen Zeitpunkt gewaltig. Der Menschenandrang sowie die Zahl aussagekräftiger Transparente und Schilder nehmen mit jedem weiteren Redner zu, der an das Pult tritt. Schon lange reicht der Roncalliplatz nicht mehr aus, um die interessierten Menschen aufzunehmen – und das hat am wenigsten mit den dortigen Bauabsperrungen und den geltenden Corona-Auflagen zu tun.

Über die WhatsApp-Gruppe des Vereins erfahren wir, dass für einen Hilfstransport an die polnisch-ukrainische Grenze gesammelt wird. Sachspenden sind an mehreren Punkten abzuholen, und es wird Unterstützung beim Sortieren und Packen gesucht. Wir bieten unsere Hilfe an und haben noch keine Vorstellung davon, welches Ausmaß diese Sammelaktion annehmen wird.

SPENDEN ÜBER SPENDEN

Schon bei der Flutkatastrophe hatten wir erlebt, dass sich die Anforderungen an die helfenden Hände recht spontan entwickeln und konkretisieren können. So ist es auch dieses Mal. Kurzfristig kontaktiert uns Jürgen und fragt, ob wir noch für Fahrten zur Verfügung stünden. Natürlich! Wir erhalten die Aufgabe in Sankt Augustin bei Jelena abgegebene Sachspenden abzuholen und zu einer Sammelstelle nach Swisttal zu bringen. Jelena ist die Inhaberin einer Boutique und hatte in den sozialen Medien einen Spendenaufruf zugunsten der Ukraine initiiert sowie eine Kooperation mit dem Verein Menschenfreude e.V. abgestimmt.

Unsere Idee ist zunächst, den Transport mit dem etwas klapprigen Anhänger, den wir uns schon bei der Flutkatastrophe von einem Nachbarn ausgeliehen hatten, vorzunehmen. Aber Jürgen ist außerordentlich findig; es dauert nicht lange, da hat er schon einen geschlossenen Zweiachser organisiert und für uns in Swisttal bereitgestellt. An diesem Standort befindet sich eine Lagerhalle des christlichen Hilfswerks Tabea, das mit dem Verein Menschenfreude e.V. kooperiert, indem unter anderem ein Teil der Lagerhalle zur Verfügung gestellt wird. An diesem Donnerstag, dem 3. März 2022, machen wir uns am frühen Abend auf den Weg, um den Anhänger zu übernehmen. Wir erreichen das Hilfswerk, und auf einmal kommt der Ukraine-Konflikt ganz nah. „Unser" Anhänger ist auf dem Gelände gut zugänglich abgestellt;

auf dem gleichen Gelände werden ukrainische LKWs mit Hilfsgütern beladen. Wir haben etwas Schwierigkeiten den Anhänger zu manövrieren, aber sehr schnell naht Unterstützung von den ukrainischen LKW-Fahrern. Die Verständigung ist schwierig, aber wir verstehen, dass sich die LKWs in Kürze auf den Weg in ukrainische Städte machen werden, um dort humanitäre Güter zu verteilen, wo sie benötigt werden. Wir erzählen den Fahrern, dass wir mit dem Anhänger Sachspenden einsammeln wollen, die ukrainischen Flüchtlingen zu Gute kommen sollen. Die Dankbarkeit, die uns entgegenschlägt, ist uns fast unangenehm, beschämt uns sogar.

Gemeinsam gelingt es, den Anhänger an unser Auto anzuschließen, so dass wir starten können. Wir fahren durch das Vorgebirge Richtung Bonn, und man spürt, wie sich das Fahrverhalten mit dem Anhänger ändert – insbesondere an die Windböen muss ich mich erst gewöhnen. Wir queren den Rhein als Jürgen – wieder sehr spontan – eine Planänderung durchgibt; auch in Bad Godesberg sei Unterstützung beim Verladen von Sachspenden erforderlich. Diese Änderung wird aber kurz darauf widerrufen, so dass wir letztlich bei Jelena in Sankt Augustin eintreffen. Dort bietet sich ein beeindruckendes Bild: Die einladende Boutique ist mit Umzugskisten bis unter die Decke zugestellt; es gibt kaum noch Verkaufszonen und nur wenige Laufwege. Jelena hat die Kisten bereits beschriftet, so dass schnell klar wird, ob sich Kleidung für Babys, Mädchen, Jungen,

Frauen oder Männer darin befindet. Auch haltbare Lebensmittel und Hygieneartikel fallen uns auf neben den rund 50 Schlafsäcken, die zusammengerollt und aufgetürmt in einer Ecke liegen. Gemeinsam beladen wir den Anhänger und nutzen zudem jeden freien Raum unseres Autos. Als alle Platzreserven ausgeschöpft sind, stellen wir fest, dass sich Jelenas Boutique zwar etwas geleert hat, allerdings noch Kisten für mindestens eine weitere Fahrt vorhanden sind. Jelena verweist auf die große Sammelaktion am folgenden Samstag in Swisttal und kündigt an, dass sie die verbliebenen Kisten dort abliefern wird. Wir starten und stellen den vollen Anhänger am späten Abend am Hilfswerk Tabea ab; noch eine kurze Bestätigung an Jürgen, dass alles gut geklappt hat, und dann machen wir uns auf nach Hause.

Diese erste Sammelaktion hat uns schon gezeigt, dass offenbar viele helfende Hände gebraucht werden. Die Spendenbereitschaft scheint nahezu grenzenlos und wird sich sicher am folgenden Samstag fortsetzen. Nach kurzer Überlegung fassen wir den Entschluss, auch Samstag zu helfen; schließlich ist die Wettervorhersage äußerst freundlich, so dass vieles im Freien ablaufen kann – für uns auch ein Argument in Corona-Zeiten.

Als wir am Samstag etwas verspätet am Hilfswerk Tabea eintreffen, sind wir wie erschlagen. Das großzügige Gelände ist bereits mit Umzugskisten und Plastiksäcken zugestellt, ohne dass unser Anhänger oder der aus dem Bad Godesberger Transport ausgeladen worden wären.

Wie Ameisen wirbeln freiwillige Helfer herum und versuchen die fortlaufend eintreffenden Spenden von Privatleuten und Firmen zu sortieren. Meine Frage nach der Ordnungslogik wird mit dem Hinweis quittiert: „Fang einfach an!". Und in der Tat: Sehr schnell entdecke ich meine „Kompetenzfelder". Ich sammle Kinderspielzeug und – sauber davon getrennt – Schlafsäcke. Dass man damit einen Großteil des Tages ausgelastet sein kann, hätte ich im Vorfeld nicht für möglich gehalten. Immer wieder treffen Hilfsgüter ein und stellen den Platz wieder zu, der gerade vorher mühevoll freigeräumt wurde.

Meine Gefühlslage ist ambivalent. Auf der einen Seite bin ich zutiefst beeindruckt von der Spendenbereitschaft. Oft sind es schöne und nützliche Dinge, von denen sich Menschen für den guten Zweck trennen. Manchmal wird sogar neue Markenware abgegeben, bei der die Preisauszeichnung noch nicht entfernt wurde. Ob diese Artikel extra für diesen Sammelzweck gekauft wurden? Auf der anderen Seite frage ich mich bei der einen oder anderen Spende, was man sich dabei gedacht hat. Warum benötigt ein Flüchtender einen Skihelm? Und wozu sind vergilbte Kellergardinen in einer Fluchtsituation nützlich? Unpraktisch ist auch überdimensioniertes Kinderspielzeug – das Plastikparkhaus ist zwar nicht schwer, aber würde die Rückbank eines Autos vollständig blockieren.

Bei mir machen sich auch Zweifel breit. Hilfslieferungen in die Ukraine sind sicher notwendig, aber macht es

Sinn, Spenden in Flüchtlingslager und an die ukrainische Grenze zu fahren? Es gibt ja schon Hilfe vor Ort. Außerdem werden die Menschen ohnehin nicht lange an diesen Orten bleiben und weiterziehen. Eventuell mag es sogar zielführender sein, ankommende Flüchtlinge an deutschen Bahnhöfen mit Hilfsgütern zu versorgen. Vielleicht doch etwas viel Aktionismus? Eine Antwort darauf finde ich heute noch nicht.

3 Fragen an Jürgen Perteck (1|3):
Wie bist du auf die Idee gekommen, einen Hilfstransport an die polnisch-ukrainische Grenze zu organisieren?

„Grundsätzlich bin ich ein Mensch, der bei auftretender Not mit Rat und Tat zur Seite stehen möchte. In der Nacht nach Kriegsausbruch bin ich aufgewacht, und es war mir ganz klar, dass ich auch hier aktiv sein möchte – spürend, dass Menschen Hilfe brauchen werden, andere in Schockstarre geraten, obwohl nur wenig Vorbereitungszeit zur Verfügung stehen wird. In dieser schlaflosen Stunde habe ich die Entscheidung getroffen, am Folgemorgen einen Hilfeaufruf zu starten, verbunden mit dem unbedingten Willen, meinen Erfahrungsschatz aus anderen Krisen- und Kriegsgebieten einzubringen."

Es ist spürbar und gibt ein gutes Gefühl der Solidarität, dass sich viele Menschen tiefgreifende Gedanken gemacht haben, was in einer Krisensituation in erster Linie benötigt wird. Die violetten Stoffbeutel haben es mir besonders angetan. Ein Familienvater übergibt mir diese und erläutert, dass mehrere Familien gemeinsam Welcome-Packs für Babys zusammengestellt haben. Liebevoll beschriftet kann jedem Beutel entnommen werden, für welches Alter der Inhalt gedacht ist. Ich lege die Beutel erstmal an die Seite. Mir ist klar, dass es hier besonders schade wäre, den Inhalt einfach auf unterschiedliche Kisten zu verteilen. Die Idee mit den Welcome-Packs gefällt mir!

Andere Menschen geben Kisten ab, auf denen in deutscher, englischer, ukrainischer oder russischer Sprache tief empfundenes Mitgefühl zum Ausdruck gebracht wird – Worte der Aufmunterung und für sich selbst sprechende Herzen. Auch die eine oder andere Dankesbekundung an die helfenden Hände ist dabei.

Immer noch kommen Spenden an. Ein älteres Ehepaar hat die Sammelaktion zum Anlass genommen, um die Helfer mit Erbsensuppe, selbstgemachter Kräuterbutter, Baguette und Getränken zu versorgen. Der eine oder andere Journalist versucht Stimmungen einzufangen, sucht in dem Gewusel nach Interviewpartnern. Jürgen ist in seinem Element und sorgt dafür, dass verstanden wird, was wir hier tun. Mir begegnen Menschen, die bei der Abgabe ihrer Spenden Tränen in den Augen haben, weil ihnen bewusst ist, welches unermessliche Leid den Menschen widerfahren ist, denen die Spenden zukommen sollen. Es sind nicht nur die Alten, die selber einen Krieg erlebt haben, auch viele junge Menschen wirken ergriffen. In einer Phase der Erschöpfung fasse ich neue Kraft als mir jemand tief bewegt sagt: „Was ihr hier macht, verdient allerhöchsten Respekt." Es sind diese Erfahrungen und Reaktionen, die „etwas mit einem machen".

Ein 32-Tonner wird mit lebenswichtigen Gütern beladen, die direkt in das Kriegsgebiet gebracht werden sollen, dorthin, wo sich Menschen in U-Bahnstationen verschanzt haben. Jürgen hat inzwischen einige Anhänger beschafft, auch mehrere Ford Transit konnten von Sponsoren akquiriert werden. Im Laufe des Tages höre ich immer wieder, wie sich Menschen spontan bereit erklären, ein Gespann nach Polen zu fahren. Zusammen mit Stefanie spreche ich Jürgen an, ob er denn inzwischen genügend Fahrer zusammen hat. Der Bedarf ist offenbar immer noch groß. Jürgen macht uns klar, dass „unser" Anhänger im Rahmen dieser Sammelaktion genau dann an die Grenze fährt, wenn wir das selber in die Hand nehmen; sonst würden diese Hilfsgüter bei einer der nächsten Fahrten, die sicher kommen werden, verteilt.

Angesteckt von dieser Dynamik, die wir schon den ganzen Tag erleben, entschließen wir uns, spontan Urlaub bei unseren Arbeitgebern einzureichen und planen am folgenden Dienstag mit an die polnisch-ukrainische Grenze zu fahren. In diesem Moment macht sich eine innere Unruhe in mir breit. Habe ich jetzt wirklich „ja" gesagt? Meine Augen suchen nach den violetten Welcome-Packs, die ich an die Seite gelegt hatte und die glücklicherweise immer noch dort ihren Platz haben. Ich packe sie auf den Rücksitz meines Autos und nehme mir vor das umzusetzen, was sich die Familien bei der Zusammenstellung der Beutel gedacht haben.

An diesem Tag ist Corona schon erstaunlich weit weg!

START FÜR DEN WEST-OST-EXPRESS

Es ist Dienstag, der Urlaub genehmigt. Gemeinsam mit Stefanie treffe ich die letzten Vorbereitungen, um an die polnisch-ukrainische Grenze aufzubrechen. Viele Gedanken gehen mir durch den Kopf. Ich kenne das erste Ziel der Reise; der Konvoi übernachtet in Nowy Tomysl unweit der Stadt Posen. Alles andere ist im Moment für mich noch unklar. Es ist nicht auszuschließen, dass in Grenznähe keine Hotelzimmer verfügbar sind, so dass wir notfalls im Auto übernachten müssten. In unserem Kombi würde das funktionieren, sogar mit ausgestreckten Beinen. Allerdings bedarf es dann angesichts der angekündigten Kältewelle auch entsprechend warmer Schlafsäcke und Isomatten. Mir fallen noch eine ganze Reihe weiterer Dinge ein, um verschiedenen Eventualitäten zu begegnen: Gaskocher, feste Wanderschuhe, Taschenlampe, Kerzen und Streichhölzer, Teller und Besteck, Teebeutel, Medikamente für den Eigenbedarf, Corona-Masken und Testkits. Obwohl wir auf Wechselkleidung weitgehend verzichten und zu zweit nur einen kleinen Rollkoffer nutzen, um im Auto mehr Platz für Hilfsgüter zu haben, kommt so einiges zusammen. Unser Sohn Jannes kommentiert die an der Haustür arrangierte Sammlung mit den Worten: „Das sieht so aus, als würdet Ihr zum Camping-Urlaub aufbrechen." Wir verladen unsere kleine Ausrüstung und machen noch einen Abstecher in einen Brühler Supermarkt. Neben einigen haltbaren Artikeln statten wir uns dort mit einem frischen Brot, einem gewaltigen Stück Gouda, etwas Hartwurst und natürlich Wasser aus. Dann kann es losgehen!

Erster Halt: Swisttal. Es gibt zwar eine Orientierungszeit für ein gemeinsames Treffen der Konvoi-Teilnehmer, allerdings hatte Jürgen im Vorfeld darauf hingewiesen, dass es angesichts der sehr langen Strecke wenig Sinn macht, mit 12 Fahrzeugen zzgl. Anhängern Kolonne zu fahren. Ein erstes Fahrzeug unseres West-Ost-Express – so heißt unsere eingerichtete WhatsApp-Gruppe – hatte sich bereits auf den Weg gemacht. Auch wir kommen einige Zeit früher in Swisttal an, übernehmen den uns schon bekannten Zweiachser und brechen auf: Start in ein Projekt mit vielen Unwägbarkeiten, unsicherem Ausgang, manchen Zweifeln, aber dennoch mit wachsender Euphorie.

Insgesamt 770 km legen wir nach Nowy Tomysl zurück. Der Weg führt uns über Hannover, Magdeburg, Frankfurt/Oder, wo wir die Grenze nach Polen überqueren. Inzwischen ist es dunkel geworden. Wir steuern eine Wechselstube an, einen sogenannten Kantor, um einige Euro in Zloty zu tauschen, möchten uns aber nicht länger als nötig dort aufhalten. Es wäre schön, wenn wir am Zielort – zum ersten Mal – die Mitglieder des Konvois treffen würden. Auf den sehr gut ausgebauten polnischen Mautstrecken rauschen wir bei wenig Verkehr dahin als sich plötzlich ein erstes Gemeinschaftsgefühl einstellt. Vor uns fährt ein Berlingo mit Anhänger und dem Kennzeichen „SU“ für Siegburg. Die Vermutung liegt nahe, dass es sich um einen Mitfahrer unseres Konvois handelt. Und tatsächlich – auch wir werden erkannt. Beim Überholvorgang sehen wir am Steuer Sebastian S., der mit uns am Samstag noch gepackt hatte, neben ihm Kathrin, ebenfalls am Samstag zupackend dabei. Wir winken uns zu. In der Dunkelheit auf Polens Autobahn fühlen wir uns irgendwie miteinander vertraut, obwohl wir uns eigentlich gar nicht kennen. Der Überholvorgang wiederholt sich wechselseitig und sorgt für gewisse Unterhaltung und Abwechslung.

3 Fragen an Jürgen Perteck (2|3):
Hast du manchmal an dem Erfolg des Vorhabens gezweifelt?

„Ganz sicher nicht… Nein, ich habe nie an dem Erfolg des Vorhabens gezweifelt, denn wenn man etwas von Herzen in Bewegung setzt, entwickeln sich die Dinge meiner Erfahrung nach zum Guten. Sehr wohl darf ich aber sagen, dass ich nicht vermutet hätte, dass unsere Hilfsaktionen ein derartiges Ausmaß annehmen könnten. Als gläubiger Mensch habe ich manche Wunder erlebt, und sicher zählt auch die in dieser Form von mir noch nie erfahrene nationalitätenübergreifende Solidarität dazu. Menschen aller Altersklassen setzen sich mit ihren jeweiligen Möglichkeiten ein, um den Schmerz anderer Menschen wenigstens ein wenig zu lindern.“

Gegen 22 Uhr kommen wir in unserem Hotel in Nowy Tomysl an. Direkt gegenüber auf einem Supermarktparkplatz stehen bereits einige unserer Gespanne. Das Parken und Rangieren mit einem Anhänger ist eine Herausforderung. Das Supermarktgelände könnte die Sache einfacher machen. Allerdings ist mir nicht klar, wann unser Start am nächsten Tag sein wird; ich möchte die Besucher des Supermarktes nicht blockieren. Daher folge ich Sebastian S. und Kathrin, die neben dem Hotel eine weitere Parkfläche aufgetan haben. Es gelingt relativ leicht, die Fahrzeuge dort abzustellen; am nächsten Morgen kann man dann einfach geradeaus über den Bürgersteig auf die Straße rollen. Jedes vermiedene Rangieren entspannt mich! Wir checken in dem Hotel ein, Abendessen wird angesichts der vorgerückten Stunde nicht mehr serviert. In der Bar treffen wir Sebastian S. und Kathrin wieder, wo sich auch Manfred und Sebastian H. eingefunden haben. Manfred beeindruckt mich. Ich hätte ihn höchstens auf Mitte 60 geschätzt, sowohl was sein Aussehen als auch seine Vitalität anbelangt. Später erfahre ich, dass er kürzlich seinen 80. Geburtstag gefeiert hat. Die Kommunikation in der Bar mit Corona-Masken ist etwas erschwert. Der Restabend geht schnell zu Ende – Müdigkeit macht sich breit.

Ich bin kein großer Nutzer sozialer Medien, bin nicht bei Facebook oder Instagram. Aber bei diesem Projekt möchte ich meinen Bekanntenkreis informieren, nicht mit dem Ziel, spektakuläre Bilder und Sensationen zu liefern, sondern Einblicke in meine Erlebnisse und Stimmungen zu geben. Aus diesem Grund nehme ich mir vor, meinen Status am Tagesende zu pflegen, nicht ahnend, welche große Resonanz das auslösen wird.

Gut ausgeruht gehen wir am nächsten Morgen in den Frühstücksraum, offenbar gehören wir zu den Frühaufstehern, denn nur Kathrin hat den Weg bislang hierhin gefunden. Wir setzen uns zu ihr und versorgen uns mit den üblichen Frühstückszutaten. Die Kaffeemaschine macht mir etwas Probleme; das hier genutzte Modell produziert alles, nur nicht einen Kaffee, wie ich ihn gerne hätte. Ich bin beruhigt, dass es nicht nur mir so geht. Inzwischen komplettiert sich unsere Gruppe und der Geräuschpegel steigt; wir sind die einzigen Gäste im Frühstücksraum. Überwiegend sieht man neue Gesichter, aber Jürgen bringt sehr schnell die Kommunikation untereinander in Gang. Ich bin gespannt, was heute konkret geplant ist.

Jürgen hält seine Morgenansprache. Er ist glücklich darüber, dass wir uns alle auf den Weg gemacht haben, um zu helfen, wo es nötig ist. Als nächstes Ziel wird ein in einer Baptistengemeinde eingerichtetes Flüchtlingslager in Warschau ausgegeben, knapp 400 km von Nowy Tomysl entfernt. Dort soll ein Teil unserer humanitären Hilfsgüter verteilt werden; Details würden sich noch im Laufe der nächsten Stunden ergeben. Anschließend soll die Weiterfahrt nach Lublin, etwa 200 km südlich von Warschau, erfolgen, das als Ausgangspunkt für die Aktivitäten des nächsten Tages dient.

Sorgfältig und unkonventionell bereitet uns Jürgen auf die bevorstehenden Begegnungen vor. Er spricht zum Beispiel davon, dass wir spontan helfen sollten, wenn wir mit Flüchtlingen in Kontakt kommen, z.B. auf einem Rastplatz oder an anderer Stelle in Warschau. Neben den geladenen humanitären Hilfsgütern steht auch eine Reihe zweckgebundener Geldspenden zur Verfügung. Ich bin zunächst etwas irritiert, als Jürgen eine Plastiktasche auf den Tisch stellt, die mit sortierten

Geldscheinen befüllt ist. Jeder Teilnehmer unserer Hilfsaktion wird aufgefordert, einen vorgegebenen Betrag zu entnehmen, um flüchtende Familien zum Mittagessen einzuladen oder Lebensmittel bzw. andere notwendige Dinge zu kaufen. Es könnten sich viele Situationen ergeben, in denen schnell und unbürokratisch mit Bargeld geholfen werden muss. Ich kann mir noch nicht richtig vorstellen, wie das praktisch aussehen soll, bin aber auf diesem Gebiet auch ein Laie. Natürlich werden wir aufgefordert, die Ausgaben mit entsprechenden Belegen für die Endabrechnung zu dokumentieren.

Jürgen macht uns noch auf eine App aufmerksam, die in Polen zur Verfügung gestellt wird, um die Situation an den einzelnen Grenzübergängen zu erfassen. Regelmäßig wird in dieser App in einer Ampellogik aktualisiert, wie stark der Flüchtlingsstrom aktuell ist und welcher Bedarf sich hinsichtlich Spenden, Hilfe vor Ort sowie Transportangeboten ergibt. So kann ich beispielsweise erkennen, dass in Dorohusk – ein kleinerer Grenzübergang, den wir möglicherweise aufsuchen werden – Spenden und Hilfsangebote auf „gelb", Transportmöglichkeiten auf „rot" gestellt sind. Der Hilferuf nach weiterer Unterstützung zeigt sich auch bei anderen Grenzübergängen. Ich empfinde es als äußerst beeindruckend, was unser Nachbarland in kürzester Zeit organisiert, um die sich kontinuierlich verschärfende Situation an der Grenze im Griff zu behalten. Diese App wird uns in nächster Zeit regelmäßig begleiten, Entscheidungen beeinflussen und immer wieder Anlass zur Nachdenklichkeit sein.

„ERSTE HILFE“ – DAS FLÜCHTLINGS-LAGER IN WARSCHAU

Die Fahrt nach Warschau zieht sich, obwohl es nur 400 km sind. Vielleicht liegt es daran, dass wir endlich etwas tun möchten. Wir sind jetzt schon eine ganze Weile unterwegs, haben aber bislang nur Strecke zurückgelegt. Das zehrt allmählich ein bisschen an den Nerven, liegt aber in der Natur der Sache.

Dass es in Polen viele Mautstrecken mit unterschiedlichen Betreibern gibt, ist mir bekannt. Neu ist mir allerdings, dass sich der Betreiber auf dem Streckenabschnitt Konin-Stryków ein – zumindest für mich – komplexes Modell überlegt hat, dass es erstmal zu durchschauen gilt. Wahlweise kann an einer Tankstelle oder im Internet die entsprechende Maut bezahlt werden. Diese ist abhängig davon, welcher Anhängertyp verwendet und welche Zeit auf dem Streckenabschnitt verbracht wird. Um diese variable Abrechnung zu ermöglichen, ist ein Konto einzurichten, das erstmal aufzuladen ist. Die Kontaktaufnahme an der ersten Tankstelle verläuft ergebnislos. Ich werde auf die nächste verwiesen, da ich mit einem beladenen Doppelachser unterwegs bin, der als „großes Gefährt“ gilt. Diese Gleichstellung mit LKWs kommt mir unverhältnismäßig vor; wegen fehlender polnischer Sprachkenntnisse und um möglichst ohne größeren Zeitverzug im Flüchtlingslager in Warschau anzukommen, sehe ich mich nicht in der Lage, dies aufzuklären. Bereitwillig steuere ich die nächste Tankstelle an. Dort läuft es ähnlich chaotisch ab. Man ist sich nicht ganz über die Beurteilung unseres Gefährts einig und schlägt vor, eine weitere Tankstelle anzusteuern, die dann schon in dem relevanten Streckenabschnitt liegt. Darauf lasse ich mich nicht ein. Eine Kollegin wird hinzugezogen, die sich bereitwillig mit der Situation auseinandersetzt. Dank Google Übersetzer gelingt es nach einer gefühlten halben Stunde, die Registrierung abzuschließen sowie ein Konto einzurichten und aufzuladen. Jetzt können wir uns endlich wieder unserer Mission zuwenden und die Reise ins Flüchtlingslager nach Warschau fortsetzen.

Nachdem wir uns durch den Verkehr in Warschau navigiert haben, erreichen wir schließlich unser Zwischenziel. Die Baptistenkirche liegt in einem gehobenen Wohngebiet am Stadtrand. Das großzügige und gepflegte Gelände fällt durch mehrere mittelgeschossige Gebäude auf, die Kirche ist mittendrin versteckt. Eigentlich wird die Einrichtung als Schulungszentrum genutzt, jetzt sind die Gebäude zu einem Flüchtlingslager umfunktioniert. Auf dem Hauptweg fahren wir durch das große Tor, passieren einige Parkplätze und erreichen die Gebäude. Hier steht bereits das Gespann von Kathrin und Sebastian S., die von vielen ukrainischen Kindern umlagert sind. Süßigkeiten werden verteilt und zaubern ein Lächeln in die Kindergesichter. Die ganz Kleinen können gerade laufen, die Größten sind im Pubertätsalter und sprechen mitunter passables

Englisch, so dass zumindest eine oberflächliche Kommunikation möglich ist.

3 Fragen an Jürgen Perteck (3 | 3):
Welches Ereignis dieser Reise hat dich besonders bewegt?

„Da gibt es einige … zu dieser Frage könnte ich ein ganzes Buch schreiben. Besonders bewegt hat mich, dass sich aus meinem Vorhaben, alleine mit meinem Hund Arthur loszufahren, eine Gemeinschaft von 24 Fahrerinnen und Fahrern gebildet hat, die zu einer „Großfamilie" zusammengewachsen sind, sich sogar Freundschaften gebildet haben. Ich habe heute noch Gänsehaut vor dem Hintergrund, dass bei einigen Mitfahrern – wie ich aus vertraulichen Gesprächen weiß – mitunter Sorgen und Zweifel bestanden. Diese haben sich nicht nur in Luft aufgelöst; vielmehr hat die Reise dem einen oder anderen mitunter ganz neue Perspektiven eröffnet. Selbstverständlich sind mir zahlreiche bewegende Begegnungen mit hilfesuchenden und notleidenden Menschen in lebhafter Erinnerung. Dass die ganze Reise schon am Anfang unter einem besonderen Stern stand, liegt mit Sicherheit auch an einer ganz persönlichen Begebenheit: Mein Bruder Ralph hat mir im Vorfeld eine Kreuzkette von seiner Pilgerreise um den Hals gelegt und mir sowie allen Beteiligten Gottes Segen, Behütung und Bewahrung gewünscht."

Die Orientierung an unserer ersten Station fällt mir relativ schwer. Jürgen, der noch unterwegs ist, hatte uns einen Ansprechpartner genannt, den wir zunächst aufsuchen. Es ist für uns alle das erste Mal, dass wir ein Flüchtlingsheim betreten. Unweit des Eingangsbereichs ist eine Verteilstelle eingerichtet, bei der vor allem Kleidung und Hygieneartikel gesammelt werden; erschöpfte Kirchenangestellte und Ehrenamtliche stehen hinter einem Tresen und helfen bei der Sortierung und Ausgabe; auf notdürftig aufgestellten Sesseln sitzen einige Ukrainerinnen und schauen auf ihre Smartphones – vermutlich auch, um die Entwicklungen in ihrer Heimat zu verfolgen. Die ganze Situation macht einen sehr geordneten Eindruck, man spürt aber auch die sorgenvolle Anspannung in den Gesichtern der Menschen. Unsicher schaue ich mich um. Auf dem Tresen entdecke ich eine gebastelte Karte, offenbar von einem kleinen Kind gemalt. Eine blau-gelbe Fahne weht auf einer friedlichen Blumenwiese im Wind, und in ukrainischer Schrift steht darauf geschrieben: „Wir sind mit euch!" Eine polnische Solidaritätsbekundung, wie ich sie hier häufig wahrnehme und die ganz bestimmt für die Betroffenen eine moralische Unterstützung darstellt, auch wenn sie nichts ungeschehen machen kann. Mich berührt dieses Mitgefühl, das wir auf unserer Reise in unterschiedlicher Form immer wieder erleben. Ich schaue in die angrenzenden Büroräume, die notdürftig als Spielzimmer oder Bettenlager hergerichtet sind.

Plötzlich kommt ein Mann auf uns zu, der sich als Gemeindepfarrer vorstellt. Er bittet uns in den Speisesaal. Obwohl wir außerhalb der üblichen Essenzeiten eingetroffen sind, ist für uns etwas gerichtet: Belegte Brötchen stehen auf dem Tisch, und jemand aus der Küche bringt einen großen Topf heißer Tomatensuppe. Obwohl ich nach der erneut mühsamen Fahrt durchaus Hunger habe, fällt es mir schwer, normal zuzugreifen. Die Kinder auf dem Hof und die Eindrücke im Empfangsbereich gehen nicht spurlos an mir vorüber. Der Gemeindepfarrer informiert uns über die Kirche und vor allem über den aus seiner Sicht aktuellen Bedarf an

Hilfsgütern. Ich bin etwas überrascht als ich höre, dass Kleidung aktuell nicht mehr benötigt wird, genau das also, was wir schwerpunktmäßig geladen haben. Vielmehr sind es Lebensmittel und Hygieneartikel jeglicher Art, die vorrangig und dringend benötigt werden. Kathrin nimmt das später zum Anlass, mit dem ihr überlassenen Budget in einem nahegelegenen Supermarkt zielgerichtet einzukaufen und die Ware im Flüchtlingslager abzugeben.

Begleitet von Vertretern der Gemeinde gehen wir zurück zu unseren Autos, wo sich die Kinder immer noch aufhalten, neugierig darauf, was in der Folge passieren wird. Es ist uns sehr wichtig, dass wir den bestehenden Hilfsbedarf richtig einschätzen, um wirklich helfen zu können. Fragen wir zwei Vertreter der Gemeinde, bekommen wir gefühlt vier Meinungen – die Prioritäten werden sehr unterschiedlich eingeschätzt, das erschwert unser Vorhaben erheblich. Wir sind uns einig, dass es keinen Sinn macht, einen Anhänger auszuladen ohne den wirklichen Bedarf zu kennen.

Auch aufgrund der Sprachbarriere dauert es eine ganze Weile, bis wir unsere beiden Hauptansprechpartner in der Gemeinde herausgefunden haben. Gott sei Dank! Eine Frau – Ira – scheint tatsächlich einen guten Überblick über den Bedarf im Flüchtlingslager zu haben. Sie pflegt eine Handy-Liste, welche Hilfsgüter höchste Dringlichkeit haben; ein Mann bereitet eine Direktlieferung in die Ukraine vor. Ira fragt nach Bettzeug – Kissen, Plümos, Laken, Decken, aber auch nach Isomatten und Schlafsäcken. Viele Betten seien noch unzureichend ausgestattet, andere müssen aufgrund der ständig wachsenden Flüchtlingszahlen improvisiert werden. Auch der Mann fragt nach Decken und Schlafsäcken, vor allem aber nach Medikamenten. Nachdem ich die erste Phase als eher chaotisch erlebt habe, scheint jetzt eine gewisse Struktur in die Spendenverteilung zu kommen. Wir haben alles dabei, müssen es aber erstmal finden. Wir öffnen unsere Anhänger und beginnen die Kisten auszuladen. Da alles beschriftet ist, kommen wir gut voran, zumal Bettzeug und Schlafsäcke nicht extra in Kisten verpackt und damit leicht auffindbar sind. Auch Standard-Medikamente haben wir reichhaltig; dank großzügiger Spenden einiger Apotheken können wir dem Mann für den Direkttransport in die Ukraine einiges überlassen.

Die Kinder verfolgen das Treiben aufmerksam und zurückhaltend. Diesen jungen Menschen ist nicht viel mehr geblieben als die Kleidung, die sie gerade tragen. Ich habe das Gefühl, dass die Geflüchteten für die Hilfe sehr dankbar sind – dankbar dafür, in Sicherheit zu sein, einen trockenen Platz zum Schlafen zu haben, nicht hungern zu müssen und vielen Menschen nicht gleichgültig zu sein. Wir haben Spielzeug dabei, und der Moment ist günstig, diese Kisten auszupacken. Es sind viele Kinder, und ich frage mich, ob wir wohl allen eine Freude machen können. Ira eilt zur Hilfe. Sie weiß, dass viele der Flüchtlinge weiterziehen werden, daher sei schweres und großes Spielzeug eher ungeeignet. Wir schauen die Kisten gemeinsam durch, beäugt von den immer noch Abstand haltenden Kindern. Nach und nach kommen kleine Schätze zum Vorschein und finden ihre Liebhaber: Puppen, kleine Autos, Buntstifte, kleine Bücher mit großen Bildern, auch Fussballtrikots vom FC Bayern. Und wunderschöne Stofftiere – diese sind sehr beliebt. Vielleicht weil sie stille Zuhörer für die Sorgen jedes Einzelnen sein und manche Träne trocknen können, die aus den kleinen Augen rollt beim Gedanken an zu Hause, den zurückgebliebenen Vater und die schlimmen Erlebnisse. Trotz der Ängste und seelischen Verletzungen habe ich den Eindruck, dass die beschenkten Kinder ein kleines Glücksgefühl erleben. Aber auch für die Kinder, die nicht unsere Nähe suchen, geben wir bei Ira Spielzeug ab. Ich glaube, dass uns die Verteilung einigermaßen gut und gerecht gelungen ist.

Allmählich nähern sich auch die Mütter und Großmütter. Sie benötigen bestimmt etwas, nur was? Die Kommunikation erfolgt mit Händen und Füßen, dauert entsprechend länger, aber letztlich versteht man sich. Ich hätte vorher nicht gedacht, dass das so möglich ist. Manchmal hat es etwas Komisches, fast Lustiges, wenn Missverständnisse auftreten, z.B. wenn ein Kinderwagen benötigt wird, wir aber von einem Rollkoffer ausgehen. Hier braucht man etwas Geduld, aber in der Regel findet man zueinander.

Rollkoffer und Rucksäcke werden stark nachgefragt. Nachdem viele der Flüchtlinge spärlich ausgestattet in dieser Unterkunft angekommen sind, haben sie inzwischen einige nützliche Dinge – vor allem Kleidungsstücke – in der Sammelstelle der Kirche gefunden. Auch wenn alle der Wunsch nach einem baldigen Kriegsende eint, der Wunsch schnell zurück in die Ukraine zurückzukehren, bleibt den Menschen jetzt nichts anderes übrig, als sich erstmal ein neues Ziel zu suchen – auf unbestimmte Zeit. Die neuen Kleidungsstücke müssen für die Weiterreise transportabel verpackt werden. Für einige geht es schon nach wenigen Tagen weiter. Andere bleiben länger vor Ort, weil sie auf ein Visum warten, um in ein Land zu reisen, in dem Familienangehörige auf sie warten. Wir sind froh, dass wir mehrere Kisten mit Rucksäcken dabei haben, auch einige Koffer.

Eine junge Frau fragt nach einem Kinderwagen. Ich kann mich erinnern, dass wir genau einen Kinderwagen eingepackt haben. Wir suchen eine ganze Weile, machen ihr klar, dass sie warten soll. Und schließlich werden wir fündig, freuen uns zunächst, dass wir vermeintlich auch bei einem komplexen Problem helfen können. Unsere Freude währt allerdings nicht lange. Der Kinderwagen erweist sich als zu klein, so dass wir an dieser Stelle leider nicht weiterkommen.

Eine ältere Dame kommt auf uns zu. Sie will eigentlich gar nicht, wird aber von einer Bekannten etwas gedrängt. Ich spüre, dass diese Menschen voller Stolz sind, dass es ihnen äußerst unangenehm ist, um etwas zu bitten. Viele von ihnen haben vielleicht in Charkiw oder Mariupol in gut situierten Verhältnissen gelebt. Sie mussten sich nicht die Frage nach passender Garderobe stellen, hatten entsprechend ihres Lebensstandards eine mehr oder weniger große Auswahl. Jetzt ist alles anders. Die Dame lächelt mich an und zeigt mir ihre Schuhe, die Sohle löst sich, Feuchtigkeit dringt ein – kein Schutz vor Kälte, es sind winterliche Temperaturen! Und wieder spüre ich dieses Unbehagen; die Frau will eigentlich nichts geschenkt haben, aber sie weiß auch, dass sie neue Schuhe braucht. Ich frage sie nach der Größe. Kurz darauf beginnt in und vor den Anhängern eine große Suchaktion. Mehrere Mitglieder unseres Teams öffnen mit „Damenschuhe" beschriftete Kisten – Größe 41 ist das Ziel, vielleicht geht aber auch 42 oder 40. Zwei Paar werden gefunden, beide etwas gefüttert und bestens geeignet für die kalte Jahreszeit. Die Frau versucht den ersten Schuh anzuziehen und steht dabei etwas unsicher auf den Beinen. Ihre Bekannte stützt sie, zu zweit beugen wir uns zu ihren Füßen hinunter und versuchen, ihren alten Schuh behutsam auszuziehen. Das gelingt leichter als den neuen Schuh über den Fuß zu bekommen – er ist offensichtlich zu klein. Und wieder spüre ich, wie unangenehm es dieser stolzen Frau ist, dass wir mit mehreren Personen versuchen, einen passenden Schuh zu finden; sie lächelt verlegen. Jetzt haben wir noch eine weitere Chance. Der zweite Schuh passt besser, der Reißverschluss an der Seite lässt sich gut hochziehen. Ich schaue die Dame an, sie nickt mir zu. Die Bekannte strahlt über das ganze Gesicht, klopft ihr erleichtert auf die Schulter. Eine kleine Last scheint von den beiden abzufallen. Ich ziehe ihr den zweiten

Schuh an. Die Frau macht ein paar Schritte und an ihrer Reaktion ist sofort erkennbar, dass wir die richtige Größe gefunden haben. Es ist auch für mich ein besonderes Glücksgefühl, dass wir dieser Frau helfen können – nur mit einem Paar gebrauchter Schuhe, das aber in diesem Moment nötiger ist als vieles andere.

Inzwischen sind auch andere Fahrzeuge unseres West-Ost-Express eingetroffen. Der eine oder andere Anhänger wird noch geöffnet, wenn spezifische Dinge gesucht werden, und dann machen wir uns auf nach Lublin – es ist schon dunkel. Wir manövrieren die Gespanne auf dem großzügigen Gelände und fahren Richtung Eingangstor. Einige winken uns zum Abschied zu, kleinere Kinder laufen den Autos hinterher. Ich muss schlucken, aber auch einsehen, dass hier ein Punkt erreicht ist, wo wir heute nicht mehr weiterkommen. Welche weiteren Aufgaben werden noch auf uns warten? Wir können es noch nicht abschätzen.

Der eine oder andere der Nachzügler bleibt noch ein wenig länger in der Kirchengemeinde, um mit dem Pfarrer auszuloten, welche Unterstützung in den nächsten Tagen gegebenenfalls möglich ist. Wie ich später erfahre, wird der Gemeinde auch noch eine Geldspende für das Flüchtlingslager übergeben.

Die einzelnen Autos verlieren sich schnell durch Ampelphasen und Wartezeit beim Abbiegen. Wir stoppen noch an einem Supermarkt. Nachdem die Süßigkeiten so gut bei den Kindern angekommen sind, kaufen wir von dem uns überlassenen Budget noch etwas nach: Schokoriegel, Orangensafttüten und andere Leckereien.

Wir sind erschöpft und haben inzwischen ordentlich Hunger. Etwas zufällig finden wir einen einladenden Italiener, wo wir bei einer Pizza aus dem Holzkohlenofen den Tag Revue passieren lassen. Das Restaurant füllt sich, ist offenbar bei den Ortskundigen recht beliebt. Die Stimmung ist gut, im Wintergarten sogar ausgelassen. In diesem Moment fällt mir schwer, diese Atmosphäre mit dem davor Erlebten übereinander zu bringen.

Nach dem Essen geht es schnell in südlicher Richtung auf die Autobahn nach Lublin. Das Außenthermometer fällt kontinuierlich, es ist bitterkalt. In Lublin liegt etwas Schnee und der Anhänger reagiert empfindlich auf den pfeifenden Wind. Wir kommen zu unserem Hotel, ein hochstöckiger Plattenbau der 60er Jahre, nicht besonders gemütlich, hellhörig und einfach ausgestattet, aber mit einem warmen Bett. Ein Teil der Gruppe hat im Nachbarhotel eine kleine Bar ausfindig gemacht und das in unserer WhatsApp-Gruppe kommuniziert. Obwohl es schon spät ist, vielleicht 23 Uhr, und der nächste Tag keine Entspannung verspricht, gehen wir nochmal hinaus in die Kälte, um die anderen Helfer zu treffen und noch ein Bier zu trinken. Jeder hat seine Erlebnisse, und alle sind gezeichnet von diesem Tag, der nicht immer so verlief, wie wir es gerne gehabt hätten. Unsere Ladung passte nur teilweise zu dem vorhandenen Bedarf in Warschau, wir haben noch sehr viele humanitäre Güter zu verteilen. Auch ungeduldige Stimmen sind zu hören. Nichtsdestotrotz haben wir an diesem Tag als Team doch eine Menge erreicht. Unter dem Strich hat sich unsere Mühe mehr als gelohnt.

Kathrin Anderseck über die Situation am Bahnhof von Lublin:

Am späten Abend kommen wir in Lublin an. Noch einmal zwei Stunden weiter in Richtung Osten. Es ist deutlich kälter als in Warschau und es liegt etwas Schnee. Eine Gruppe von uns schaut sich noch am Abend in der Stadt um. In Warschau hat man uns von Menschen erzählt, die den ganzen Tag in der Schlange zum Bahnsteig stehen und es am Ende nicht mehr in die Züge schaffen. Sie müssen dann am Bahnhof ausharren bis zum nächsten Morgen, wo das Warten von Neuem losgeht. Und es ist tatsächlich so: "Das ist nur fünf Minuten zu Fuß von hier." Zwei Helfer unseres Teams haben ein paar Schlafsäcke aus unserem Fundus verteilt. "Da liegen Mütter mit ihren Kindern an der Hauswand und verbringen so die Nacht. Polnische Soldaten sind da und verteilen heiße Suppe und Decken. Die haben das sehr gut organisiert. Das muss man sagen. Aber es ist trotzdem alles schlimm." Es sind unglaublich große Ausmaße, die auch wir nur schwer begreifen können. Wir bemühen uns mit all unseren Kräften zu helfen. Und werden das auch morgen wieder tun. Im Moment ist es kalt. Und es wird spät.

Später im Bett liegend schaue ich, wer meinen Status angesehen hat und bin über die Vielzahl an Lesern überrascht. Ich freue mich über die eine oder andere motivierende und anerkennende Reaktion, die ich teilweise mit der ganzen Gruppe teile. Einige neue Bilder des Tages stelle ich ein, achte sehr darauf, keine zu persönlichen Aufnahmen auszuwählen. Mir geht es um Stimmungen, die für sich selber sprechen, nicht darum, Menschen in ihrem tragischen Schicksal zu zeigen. Ich bin auf die Reaktion meiner Leser gespannt.

UNFASSBARES LEID – DAS FLÜCHTLINGSLAGER IN CHELM

Der Donnerstag startet mit einem rustikalen polnischen Frühstück: Rührei, Hüttenkäse, Gurken, Tomaten, Paprika, pikante Würstchen – dazu ein Kaffee zum Wecken der Lebensgeister. Mit etwas Abstand reflektiert die Gruppe den ersten gemeinsamen Einsatz in einem Flüchtlingslager am Vortag – mit durchaus gemischten Eindrücken. Ohne Frage konnten wir einige Hilfsgüter abgeben, die dringend benötigt wurden. Auch die ersten direkten Berührungspunkte mit Flüchtlingen waren wertvoll und prägend. Gleichwohl mischen sich erste Zweifel in die Kommentare: Hätte der Bedarf an Hilfsgütern im Vorfeld noch genauer abgefragt werden müssen? Hätten wir systematischer packen und verladen müssen? Wäre eine Geldspende nicht mindestens gleichwertig gewesen? Ist unser Einsatz vor Ort wirklich zwingend? Warum gibt es nicht einen zentralen Ansprechpartner, der die Situation vor Ort und den resultierenden Bedarf zweifelsfrei richtig einschätzen kann? Werden wir unsere Anhänger überhaupt vollständig entladen können? Das Schlimmste wäre, wenn wir Hilfsgüter wieder zurück nach Deutschland nehmen müssten. Fragen über Fragen! Wir kommen zu dem Ergebnis, dass es vermutlich in einer solchen Situation gar nicht ungewöhnlich ist, dass sich die Dinge spontan und auch anders entwickeln als geplant. Jetzt heißt es, den neuen Tag mit Elan anzugehen, um unserem Ziel Menschen Gutes zu tun gerecht zu werden.

Motiviert verlassen wir unser Hotel und treffen Maria, eine gepflegte Dame mittleren Lebensalters, die als Vertreterin einer christlichen Gemeinde über eine Reihe von Kontakten in Lublin verfügt. Die Kommunikation gestaltet sich schwerer als gedacht, Englisch funktioniert nur sehr holprig. Maria lotst uns schließlich zu einer Lagerhalle in einem Gewerbegebiet, dort könnten wir unsere Hilfsgüter zum direkten Weitertransport in die Ukraine übergeben. Wir finden die versteckte Einfahrt, manövrieren unsere Gespanne in den überschaubaren Innenhof und stehen sogleich vor der nächsten Herausforderung. Der Ladeplatz ist von einem zuvor eingetroffenen LKW blockiert, der ebenfalls Hilfsgüter anliefert. Davon weiß auch Maria nichts, durchaus bemerkenswert in Zeiten der mobilen Kommunikation. Schnell ist klar, dass es keinen Sinn macht, als Gruppe darauf zu warten, dass wir zum Zuge kommen.

Wieder so ein Koordinationsthema! Der neue Tag beginnt, wie der alte aufhörte, und mit einem Schlag sind wieder einem Teil unserer Gruppe die Fragen aus dem Frühstücksraum präsent. Aber immer noch gilt das bereits zuvor Festgestellte: Wir befinden uns in einer von unfassbarer Dynamik geprägten Situation, in der täglich Bomben und Raketen ein Land zerstören; eine Entwicklung, die immer mehr Menschen dazu bringt, ihre Heimat und Teile Ihrer Familien zu verlassen. Diese sich kontinuierlich verschärfende Situation mit all ihren

Konsequenzen sowie die Reaktionen darauf sind nur bedingt planbar; es gibt keine Blaupause, wie wir es aus unserem Alltag oft gewohnt sind. Es geht einzig und allein darum, Hilfe zu leisten, sei es unmittelbar gegenüber Flüchtlingen oder mittelbar, indem Transportvorhaben in die Ukraine unterstützt werden, so dass die Hilfe bei Notleidenden in den U-Bahnstationen und Krankenhäusern vor Ort ankommt. Wenn dieses Ziel bereits von anderen erfüllt wird, kann nichts dagegen einzuwenden sein. Man müsse sich seine Nische suchen, hört man aus dem Helferkreis, und die werden wir auch finden.

An dieser positiven Energie ändert sich auch nichts, als Kathrins Berlingo mit Motorschaden ausfällt. In der Werkstatt stellt sich heraus, dass sich in der Nacht ein Marder an einigen Stromleitungen und Schläuchen zu schaffen machte, ein Schaden, der sich glücklicherweise schnell reparieren lässt. Maria sondiert weitere Anlaufpunkte in Lublin, die dann von einigen Teilnehmern unserer Gruppe angesteuert und erfolgreich mit Hilfsgütern versorgt werden.

Wir fahren unterdessen schon mal weiter in östlicher Richtung nach Chelm, etwa zwanzig Kilometer vor der ukrainischen Grenze. Mit jedem Kilometer, den wir auf der Landstraße in dem spärlich besiedelten Gebiet zurücklegen, steigt unsere Anspannung. Der Gegenverkehr ist vergleichsweise dicht. Uns kommen zahlreiche ukrainische Autos entgegen. Busse transportieren offensichtlich Flüchtlinge nach Westen; wir können nur schemenhaft erkennen, dass die Busse prall gefüllt sind. Was wird uns in Chelm erwarten?

Kathrin Anderseck über eine bewegende Begegnung in Lublin:

Zwischendrin haben wir einen Marderbiss am Auto, den wir reparieren lassen müssen. Wir sitzen in der Werkstatt und warten. Ein alter Mann spricht uns an. Er hat uns als Deutsche erkannt und spricht ebenfalls ein bisschen deutsch. Er kommt gerade in diesem Moment aus der Ukraine. Er durfte ausreisen aufgrund seines Alters. "Ich zeig Euch mein Auto." Wir gehen mit ihm raus auf den Parkplatz und sein Auto steht dort übersäht mit Kratzern und einer notdürftig abgedeckten zerbrochenen Seitenscheibe. "Das waren Trümmer. Die machen alles kaputt. Die machen unsere Heimat kaputt. Alles." Er weint.

Wir gehen mit ihm rein und setzen uns an den Tisch. Er zeigt uns Handy-Videos von der Straße, in der er wohnt. Zu erkennen sind nur Staub und Dreck und Rettungsfahrzeuge. Heulende Sirenen. Wir sind fassungslos. Viel realer als das, was wir aus dem Fernsehen kennen. "Können wir dir irgendwie helfen?" Wir sind ratlos und schockiert. Plötzlich zeigt sich der Krieg in einer Alltagssituation – wie hier in diesem Autohaus in Lublin. Gegenüber befindet sich ein McDonald's, ein Shopping-Center mit Glitzer-Fassade. Und neben uns sitzt dieser alte Mann, der sein zerstörtes Zuhause verlassen musste und stundenlang in seinem kaputten Auto gefahren ist.

"Darf ich ein Foto von dir machen?" In diesem Moment bin ich mir sicher, dass ich diese Begegnung irgendwie festhalten muss. Er versteht, was ich meine. Mit rot geweinten Augen schaut er hoch. "Zeigt das allen! Ihr müsst das allen zeigen, was hier passiert!" Wir stehen auf und nehmen uns wortlos in den Arm. Er lehnt den Kopf kurz an meinen. Dann verabschieden wir uns. Das Foto stellen wir ins Internet. Wir zeigen es allen.

Nach einstündiger Fahrt erreichen wir – gewissermaßen als Vorhut unserer Gruppe – die Baptistenkirche in Chelm. Sie liegt in einer eher unscheinbaren Seitenstraße in einem ansprechenden Wohngebiet. Der moderne Klinkerbau erstreckt sich entlang der Straße und füllt das große Gelände U-förmig aus. Auffallend ist das steinerne Kreuz, das sich neben dem Haupteingang über das Gebäude hinaus in den Himmel reckt. Wir finden direkt vor der Kirche einen Parkplatz, mit dem Anhänger keinesfalls eine Selbstverständlichkeit. Etwas unsicher steigen wir aus. Auf dem Grundstück parken einige ukrainische Autos, einzelne Menschen stehen vor der Kirche, um die Sonnenstrahlen in der klirrenden Kälte auf sich wirken zu lassen. Eine Frau mit drei Kindern spricht uns an. Es dauert einige Zeit, bis wir verstehen, dass sie auf der Suche nach einer Apotheke ist und uns für ortskundig hält; weiterhelfen können wir ihr nicht.

Wir setzen unsere Corona-Masken auf, öffnen die Tür und stehen im Empfangsbereich der Kirche. Die Bänke und Stühle sind weitgehend besetzt. Wir blicken in die Gesichter von Frauen und Kindern, gezeichnet von den Strapazen der letzten Tage. Manche haben die Augen geschlossen, manche weinen; andere schauen auf ihr Smartphone oder halten einfach nur ihr Kind schaukelnd fest. So sehr diese Stimmung bedrückend wirkt, so faszinierend ist auch, wie diszipliniert und rücksichtsvoll die Menschen miteinander umgehen. Offenbar verbindet das Erlebte in besonderem Maße. Am Ende des Empfangsbereichs erreichen wir einen provisorisch aufgebauten Anmeldetresen. Mitarbeiter der Gemeinde und Freiwillige versuchen hier für eine gewisse Ordnung zu sorgen. Ankommende Flüchtlinge werden registriert, ihnen wird eine Schlafmöglichkeit zugewiesen, und sie werden mit den Gegebenheiten vor Ort vertraut gemacht; für andere wird eine Weiterreise organisiert. Wenngleich die Räumlichkeiten eine gewisse Großzügigkeit haben, ist doch offensichtlich, dass die Kapazitätsgrenze bereits erreicht wird. Wir erfahren, dass die Unterkunft als Durchgangslager dient; etwa 100-150 Flüchtlinge können hier Platz finden, sollen aber zeitnah weiterreisen, um neuen Ankömmlingen nach ihrem Grenzübertritt eine Schlafstelle zu bieten.

Während wir auf einen englischsprachigen Ansprechpartner warten, der uns bezüglich der Hilfsgüter weiterhelfen kann, schauen wir uns noch ein wenig um. Von dem Empfangsbereich geht es rechts in den eigentlichen Kircheninnenraum, der zu einem Schlaflager umfunktioniert ist. Die Holzbänke sind an den Seiten gestapelt, um Platz für Feldbetten und Matratzen zu schaffen, die fein säuberlich nebeneinander in mehreren Reihen angeordnet sind. Zu dieser Tageszeit ist der Raum fast menschenleer. Vereinzelt haben sich Personen hierhin zurückgezogen. Im Altarraum steht ein Klavier, an das sich ein jugendliches Mädchen setzt; sie beginnt gekonnt zu spielen. Wir sind unsicher, ob wir einige Takte aufzeichnen dürfen, entscheiden uns schließlich dafür. Die melancholische Melodie spiegelt die bedrückende Stimmung in besonders authentischer Weise, neben ihr tippt ein Jugendlicher einige Worte in sein Smartphone. Ich glaube ein wenig zu spüren, was diese Menschen gerade empfinden.

Marek, ein Helfer und inzwischen auch Freund aus Warschau, zu der Klaviermelodie, die wir im Chelmer Schlafraum aufgezeichnet haben:

„Your movie is very poignant and extremely intimate. I was moved. It doesn't show the horrors of war, scenes from the battlefield: burned tanks, dead bodies. It shows how war was plowed, overturned the lives of millions of ordinary people. Those who had to flee. Those who sleep in adjoining common rooms and not in their own home, in a bed that is not their own. Without their beloved partner cuddled at their side. Very, very sad movie with sad music played on the piano by an unnamed artist."

Ich verlasse den Schlafraum und gehe zu unserem Auto, um die Schokoriegel zu holen, die wir in Warschau zur Verteilung an die Kinder eingekauft haben. Anfangs unsicher gehe ich zurück in den Empfangsbereich und biete die Riegel den dort sitzenden Kindern an. Auch von deren Seite ist eine gewisse Unsicherheit zu spüren, aber das Angebot wird schnell angenommen und oft mit einem freudigen Lächeln quittiert. Nur ein Schokoriegel, der aber einen kleinen Moment Freude erzeugt und der auch ein wenig deutlich macht, dass hier niemand alleine gelassen wird, so schwer die Situation auch sein mag. Ich verlasse den Empfangsbereich und gehe in einen direkt gegenüber dem Schlafsaal liegenden Aufenthaltsraum, der zu einem Kinderspielzimmer umfunktioniert ist. Es herrscht wildes Treiben, einige der Kleinen scheinen abgelenkt von der Tristesse des neuen Alltags. Andere hingegen sitzen eher teilnahmslos auf den provisorisch aufgestellten Stühlen und Sesseln. Auch hier kümmern sich Freiwillige um die Kinder. Erwachsene machen mich darauf aufmerksam, dass ich die Schokoriegel zunächst den Kindern geben solle, später sind aber auch sie froh darüber.

Es ist erstaunlich, wie diszipliniert die Menschen miteinander umgehen. Keiner nimmt dem anderen etwas weg oder bedient sich großzügig. Die Solidarität untereinander ist bemerkenswert und ich freue mich, wenn dann doch die ganz Kleinen auf mich zukommen und zum wiederholten Mal die Hand ausstrecken.

Für mich ist die Verteilung der Schokoriegel mit einem besonderen Gefühl verbunden. Diese Menschen, die noch vor wenigen Tagen ein Leben führten, das sich von unserem vermutlich nicht wesentlich unterschied, stehen jetzt ohne alles da. Sie haben kaum mehr als die Kleidung an ihrem Leib und vielleicht ein Stofftier oder ihr Smartphone, so dass bereits die kleinsten Aufmerksamkeiten unfassbar wertgeschätzt werden. Ich will nicht als barmherziger Samariter wahrgenommen werden – es geht nicht um mich, zumal wir alle überhaupt nicht in der Lage sind, Geschehenes vergessen zu machen oder gar zurückzudrehen. Aber ich kann glaubwürdiges Mitgefühl vermitteln, Solidarität zeigen und den Menschen für einen Moment eine kleine Freude machen. Die Reaktion der Menschen lässt mich glauben, dass das gelingt.

Wir treffen eine Großfamilie aus der Nähe von Kiew. 18 Personen! Babys, Kinder, Frauen und Großeltern. Sie wollen natürlich zusammenbleiben und haben das Ziel, zu einem Familienmitglied ins spanische Saragossa zu reisen. Wir schauen uns an, fühlen uns hilflos. Leider gibt es bei allem Engagement der Helfer Grenzen des Machbaren. Wir denken noch darüber nach, ob wir die Weiterreise irgendwie unterstützen können. Vielleicht lassen sich Zugtickets organisieren? Gibt es in Chelm überhaupt einen Zuganschluss? Wie leitet man das am besten in die Wege, wenn die Züge überfüllt sind? Wie soll später das Umsteigen vonstatten gehen, ohne auf einem überfüllten Bahnsteig für mehrere Tage zu stranden? Eine Direktverbindung nach Saragossa wird es selbst von Warschau aus nicht geben, und auch dort muss man erstmal hinkommen. Wir sind ratlos, müssen die Menschen ohne eine Lösung anbieten zu können zurücklassen und wünschen ihnen alles erdenkliche Glück bei ihrem Vorhaben. Zu diesem Zeitpunkt ahnen wir nicht, dass diese Geschichte noch eine nicht zu erwartende Wendung nehmen wird.

Wir sind schon eine ganze Weile in dem Flüchtlingslager in Chelm. Man verliert das Zeitgefühl, wenn so viele Eindrücke und Emotionen auf einen einwirken. Jetzt endlich, vielleicht nach einer Stunde, kommt ein junger Mann auf uns zu, der sehr gut Englisch spricht. Er stellt sich als Jacek vor und erzählt uns, dass er sich vor einigen Tagen in Danzig zusammen mit einem Freund aufgemacht hat, um zu helfen. Er möchte uns dabei unterstützen, die Hilfsgüter auszuladen und zu schauen, was konkret in diesem Flüchtlingslager weiterhilft. Jacek bittet uns auf das Gelände hinter der Kirche zu fahren, um dort in Ruhe auszuladen. Wir sind begeistert und haben das Gefühl, an der richtigen Stelle zu sein. Mit unserem Gespann fahren wir über den holprigen Rasen zur Rückseite der Kirche und stoppen unweit eines kleinen Spielplatzes, auf dem sich einige Flüchtlingskinder die Zeit vertreiben. Neugierig schauen sie, was sich vor ihnen abspielt.

Jacek kommt lächelnd auf uns zu. Ihn begleiten sein Danziger Freund und eine Mitarbeiterin der Kirche, die offensichtlich sehr genau darüber im Bilde ist, was benötigt wird. Schnell ist klar, dass Hygieneartikel (Seife, Duschgel, Zahnbürsten und -pasta, Windeln, Damenbinden), haltbare Lebensmittel, Babybekleidung, Medikamente, Schlafsäcke, Decken, Kissen und Oberbetten gebraucht werden. Spielzeug, weitere Kleidung, Schuhe und Tiernahrung werden hier hingegen aktuell nicht benötigt. Wir öffnen den Anhänger und beginnen die gepackten Kisten auszuladen.

Obwohl beschriftet und sorgfältig vorsortiert, kommen wir nicht herum, jede Kiste kurz zu öffnen, um gemeinsam pragmatisch zu entscheiden: „Hier bleiben“ oder „Zwischenlager“. Es geht voran, schon bald stehen wir vor einem leeren Anhänger, und auch unser Auto ist deutlich leerer geworden. Stattdessen ist der Hinterhof der Kirche mit gestapelten Kisten zugestellt.

Einzelne Artikel halten wir bewusst zurück, weil wir glauben, sie an anderer Stelle noch besser verwenden zu können. Neben einzelnen Schlafsäcken und Decken gilt das insbesondere für die Welcome-Packs in den violetten Stoffbeuteln, die ich in Swisttal persönlich von den

Spendern entgegengenommen hatte. Es sollte sich später herausstellen, dass es gut war, diese Dinge erstmal zurückzuhalten!

Angeleitet von Jacek und der Gemeindevertreterin beginnen wir, die Kisten an den Ort ihrer Bestimmung zu bringen. Durch einen Hintereingang gelangen wir in das Untergeschoss der Kirche und erhalten nun auch einen weitergehenden Einblick in das Leben der Flüchtlinge an diesem Ort. Wir blicken zunächst in einen zweckmäßig ausgestatteten Speisesaal. Obwohl wir uns außerhalb der Essenzeiten bewegen, halten sich einige Menschen in diesem Raum auf. Es wird geredet, Kinder flitzen herum. Auf einer Anrichte steht eine Kaffeemaschine zur allgemeinen Nutzung, auch diverse Getränke stehen jederzeit zur Verfügung. In einer Ecke steht ein Kicker, an dem sechs Kinder sehr unterschiedlichen Alters Tischfußball spielen. Der Flur ist zu einer Art Vorratsraum umfunktioniert. Einfache Regale helfen bei der Lagerung der Hilfsgüter. Gut sortiert findet man hier diverse Lebensmittel, Dusch- und Waschutensilien sowie Kinderschuhe und Kleidung. Auch hier haben wir wieder den Eindruck einer bemerkenswerten Disziplin. Es gibt keine Person, die die Ausgabe der Artikel regelt; irgendwie organisiert sich dieser Prozess von selber, ohne in einem Chaos zu enden. Weiter fortführend gelangen wir zu den Wasch- und Toilettenräumen, die trotz der großen Zahl der Nutzer einen überraschend gepflegten Eindruck machen – kein Vergleich zu öffentlichen sanitären Anlagen, wie wir sie häufig in Deutschland vorfinden. Ein Großteil unserer Hilfsgüter wird schließlich in einem weiteren Vorratsraum geordnet verstaut und schon in den nächsten Tagen einer Verwendung zugeführt werden. Der Bedarf in einem Flüchtlingslager dieser Größe ist immens.

Nach und nach treffen weitere Fahrzeuge unseres Hilfskonvois ein. Bei dem ersten Fahrzeug wird wie bei uns verfahren, bei den übrigen wird nicht weiter ausgepackt. Jacek gibt das Signal, dass die Lagerkapazitäten in der Kirche erstmal ausgenutzt sind. Zufrieden laden wir die übrig gebliebenen Kisten wieder in unseren Anhänger und warten auf einen Mitarbeiter der Gemeinde, der uns zu der Halle führen will, in der wir weitere Hilfsgüter für den Direkttransport in die Ukraine zwischenlagern können.

LKW FÜR DIE UKRAINE – EINE INDUSTRIEHALLE FÜLLT SICH

Jacek und ich tauschen noch eine kurze Corona-Faust aus, dann verlassen wir das Kirchengelände wieder über den holprigen Rasen und biegen vorsichtig in die Wohnstraße ein. Vorneweg fährt ein Mitarbeiter der Gemeinde, dahinter Jürgen mit seinem Wohnmobil und dem riesigen Anhänger, wir folgen, hinter uns ein weiteres Fahrzeug unseres Konvois. Wir durchqueren Chelm; ich habe aber kaum einen Blick für die schönen und vielleicht auch weniger schönen Ecken dieser polnischen Kleinstadt, die etwa 65.000 Einwohner hat. Zu sehr laufen mir die Bilder und Gespräche aus der Kirche nach. Angesichts der erlebten großen Hilfsbereitschaft, aber auch Dankbarkeit der Geflüchteten wechseln bei mir kurze Glücksgefühle und Traurigkeit – es sind diese extremen Stimmungsschwankungen, die irgendwie verarbeitet werden müssen.

Viel Zeit ist dafür nicht. Wir gelangen schnell in ein Gewerbegebiet, in dem sich eine Lagerhalle an die nächste reiht. Manche dieser Hallen scheinen irgendwie gewerblich genutzt zu werden, in anderen stellen offensichtlich Künstler ihre Werke aus. Einige Hallen scheinen verwaist und sehen heruntergekommen aus. Bei der Zufahrt über riesige unebene Pflastersteine sind wir für die gute Federung unseres Autos dankbar, während der weitgehend leere Anhänger deutlich mehr Spiel hat und sich lautstark bemerkbar macht. Es dauert einige Minuten bis wir rechts abbiegen und schließlich das Ende dieses trostlosen Geländes erreichen. Die Weitläufigkeit erlaubt uns das Fahrzeug direkt zu wenden, und so stellen wir uns mehr oder weniger aufgereiht vor der letzten Halle auf. Das Tor ist geöffnet, ein junger und ein älterer Mann erwarten uns, mit einem Handstapler ausgestattet. Wir werfen einen Blick in die Halle und sehen, dass thematische Sammelpunkte eingerichtet sind. In der Weitläufigkeit der Halle verlieren sich die bereits gesammelten Hilfsgüter etwas. Die beiden Männer erklären uns, dass in den nächsten Tagen mehrere Direkttransporte in die umkämpften Gebiete rund um Mariupol, Charkiw und Kiew vorgesehen sind. Die dramatischen Bilder von den Schutzsuchenden in den U-Bahnstationen sind uns bekannt, und wir sind dankbar zu hören, dass es hier engagierte Menschen gibt, die sich auf die Gefahren einlassen, die mit dem Transport in die Krisengebiete unweigerlich verbunden sind.

In der Halle sehen wir eine junge, zierliche Frau, die eine Kiste Kinderschuhe auf den entsprechenden Stapel wuchtet. Ich spreche sie an und bin wieder einmal zutiefst beeindruckt von dem, was ich erfahre. Die junge Frau ist Amerikanerin. Sie hat sich mit Kriegsbeginn spontan entschieden für vier Wochen nach Polen zu reisen, um sich einzubringen, ihre Hilfe anzubieten, da wo sie benötigt wird. Ich kann in der Kürze der Zeit nicht alle Fragen klären, die mich jetzt umtreiben. Ich habe den Eindruck, dass die junge Amerikanerin ganz ohne einen – wenigstens groben – Plan zu Hause aufgebrochen ist und sich ihre Nische gesucht hat, in der sie helfen kann; das verbindet uns irgendwie. Jetzt steht sie in dieser kühl anmutenden Lagerhalle, versucht vorzuempfinden, was die Menschen in der Ukraine benötigen, und arbeitet bis zur Erschöpfung. Das gilt auch für die beiden Männer, die inzwischen einige Palletten aufgebaut haben, um unsere Kisten schnell abtransportieren zu können.

Wir sind einige Zeit damit beschäftigt unsere verbliebenen Kisten und Plastiksäcke auszuräumen. Für unser Gespann geht das zügig, wir hatten ja bereits zuvor das Flüchtlingslager versorgt. Die anderen beiden Anhänger sind indes noch nahezu vollständig beladen. Vereinzelt halten wir auch hier Dinge zurück, weil wir glauben, sie an anderer Stelle noch besser verwerten zu können. Die ganz überwiegende Zahl der Kisten und Plastiksäcke gelangt jedoch auf die Paletten und dann anschließend auch an die entsprechenden Plätze in der Lagerhalle. Immer wieder müssen wir einen direkten Blick auf die Hilfsgüter werfen und sind stolz darauf zu sehen, dass viele unserer Spender sehr sorgsam ausgewählt haben, was sie für diesen Zweck zur Verfügung stellen.

Es kommt eine spezielle Kommunikation in Gang. Immer wieder rufen wir uns zu, wo nun die geeigneten Ablagestellen für Kinderschuhe, Mäntel, Mützen, Schals, Windeln, eingeschweißte Deoroller-Paletten oder auch Tiernahrung zu finden sind. Das Zusammenspiel mit den lokalen Kräften funktioniert trotz mancher Sprachbarriere reibungslos.

Wir schließlich die Türen der leeren Anhänger und werfen noch einmal einen Blick in die Lagerhalle. Auch wenn immer noch genügend Platzreserven für weitere Hilfslieferungen vorhanden sind, stellen wir eine merklich erhöhte Auslastung fest. Wir verlassen die Halle mit dem beruhigenden Gefühl, die Hilfsgüter an einen guten Platz gebracht zu haben.

Inzwischen sind wir viele Stunden auf den Beinen, und wir wollen weiter, aber die körperliche Arbeit fordert ihren Tribut. Spontan packen wir das Brot aus, das wir in Brühl gekauft und für alle Eventualitäten eingepackt haben; in Verbindung mit dem Stück Gouda und einem Glas Cocktailwürstchen tanken wir Kraft für die noch bevorstehenden Aufgaben.

Natürlich besteht bei allen ein großes Interesse, an die nahe Grenze zu fahren. Es kommt schnell zu einer kontroversen Diskussion, was wir denn dort noch leisten können. Wir sind uns einig, dass wir nicht neugierig im Weg herumstehen, sondern einen Mehrwert stiften wollen. Wir schauen auf die App, die über die Situation an den Grenzübergängen informiert. Für den kleinen nahegelegenen Übergang Dorohusk wird angezeigt, dass angesichts der aktuellen Flüchtlingsbewegung Spenden und helfende Hände benötigt werden, auch nach Mitfahrgelegenheiten wird gesucht. Wir verschaffen uns einen Überblick, was wir noch zurückgehalten haben, vor allem Schlafsäcke, Decken, Jacken gegen die

Kälte, aber auch Stofftiere und Süßigkeiten für die Kleinen. Und dann sind da noch die Welcome Packs in den violetten Stoffbeuteln.

Ohne zu wissen, was uns konkret erwartet, sind wir uns einig, dass wir mit den noch verfügbaren Hilfsgütern vermutlich einen wertvollen Beitrag an der Grenze leisten können. In den letzten Stunden hatten wir schon erfahren, dass es für Flüchtende nicht einfach ist, die Grenzregion überhaupt zu verlassen; die Möglichkeiten des öffentlichen Personennahverkehrs sind ebenso beschränkt wie private Initiativen. Vor diesem Hintergrund kommt bei uns zum ersten Mal die Frage auf, ob wir auch beim Transport von Flüchtenden behilflich sein können, indem wir Mitfahrgelegenheiten anbieten. Schließlich gibt es in unserem Konvoi neben einem Kombi, einem Wohnmobil und einem Berlingo auch entsprechend mit Sitzen ausgestattete Transporter. Das Vorhaben ist jedoch nicht einfach. Es wird in der Regel nicht ausreichen, die Menschen nur mitzunehmen und an anderer Stelle abzusetzen. Für viele wird das Reiseziel unklar sein, anders als bei der Großfamilie mit dem Ziel Saragossa. Das bedeutet aber auch eine viel größere Verantwortung für uns. Wir müssten sicherstellen, dass diese Menschen einen Zufluchtsort finden, an dem sie erstmal bleiben können. Und wir können sie anschließend nicht sich selber überlassen. Eine Verantwortung, der wir zunächst skeptisch gegenüberstehen, weil wir befürchten, dieser nicht gerecht werden zu können.

Wir entscheiden uns, nach Dorohusk zu fahren, voller Motivation Gutes zu tun – was auch immer.

QUO VADIS? – AM SCHEIDEWEG IN DOROHUSK

Die wenigen Kilometer zur Grenze legen wir schnell zurück. Wir folgen Jürgens Wohnmobil und sind voller Anspannung. Was uns wohl erwarten wird? Wir sehen intensives Blaulicht in Fahrtrichtung und gelangen an eine Straßensperre unweit des noch nicht einsehbaren Grenzübergangs Dorohusk. Die Situation wirkt gespenstisch in dieser kaum besiedelten Einöde. Werden wir unser Vorhaben umsetzen können oder droht das Ganze jetzt zu scheitern? Offensichtlich möchten polnische Sicherheitskräfte das Grenzgebiet vor unerwünschten, neugierigen Besuchern ohne konkrete Anliegen schützen. Das ist bei uns aber anders. Jürgen übernimmt die Kommunikation, und mit Hinweis auf unsere humanitären Hilfsgüter dürfen unsere Fahrzeuge passieren. Die Straße führt leicht ansteigend in eine Rechtskurve, an deren Ende der Grenzübergang folgt. Meinen Herzschlag spüre ich am Hals.

Wir nähern uns der Grenze mit langsamer Geschwindigkeit und sehen auf der linken Seite Zelte und aufgebaute Stände, Menschen schieben sich aneinander vorbei, aber nicht so viele, wie wir vielleicht erwartet haben. An anderer Stelle stehen oder sitzen Menschen, manche tragen gelbe Westen. Auf der rechten Seite stehen einige Autos auf dem Seitenstreifen, auch Lastwagen mit laufendem Motor, offensichtlich vor der Einreise in die

Ukraine. Hier sind auch die in Swisttal mit unseren Hilfsgütern beladenen LKWs eingereist. Ich weiß nicht, was ich genau erwartet habe, aber ich sehe kein Militär – keine Panzer, keine schwerbewaffneten Soldaten; der Grenzübergang ist auf polnischer Seite eher spärlich besetzt.

Die Situation ist für uns immer noch unübersichtlich. Wir halten Ausschau nach einem Parkplatz. Eine Frau weist uns den Weg in unmittelbarer Nähe zum Grenzübergang. Hier stehen bereits einige Fahrzeuge, und es gelingt uns, unsere Gespanne kontrolliert abzustellen. Erstaunlicherweise verfolgt uns die Frau und bittet – etwas befremdlich – um Zahlung der Parktickets. Wir lassen unsere Hilfsgüter erstmal im Auto und orientieren uns.

Es ist fürchterlich kalt. Der eisige Wind zieht in unsere Kleidung. Bevor wir starten, greifen wir noch schnell zu einem zusätzlichen wärmenden Pulli, zu Mütze, Schal und Handschuhen, um draußen länger aushalten zu können. Wir gehen langsam in Richtung Grenzübergang und sehen auf dem kleinen Parkplatz Fahrzeuge aus aller Welt. Auch hier zeigt sich der internationale Charakter humanitärer Hilfe. Uns fallen zwei Transporter mit spanischen Kennzeichen auf. Schnell sind wir mit den dazugehörigen Personen im Gespräch und tauschen uns über unsere Absichten und Erfahrungen aus. Die Spanier lassen uns wissen, dass die verfügbaren 22 Sitzplätze in den Transportern für Flüchtlinge zur Verfügung stünden und noch nicht belegt sind. Wir schauen uns ungläubig an, und jeder weiß, was der andere denkt. Uns allen kommt die Chelmer Großfamilie mit dem Ziel Saragossa in den Sinn, und wir stellen sogleich den Kontakt mit dem Flüchtlingslager her. Nach allem was wir wissen, war diese Begegnung der Schlüssel, um in einem schwierigen Fall eine gute Lösung zu schaffen. Es ist wieder einer dieser Zufälle, eine schicksalhafte Begegnung, wie wir sie auf dieser Fahrt jetzt schon häufiger erlebt haben. Wenn man sie nicht selber erlebt hätte, würde man vermutlich nicht glauben, dass es solche Fügungen gibt. Und es sollte nicht die letzte sein!

Wir erreichen den Schlagbaum, die Zelte, die aufgebauten Stände. Die Atmosphäre hat paradoxerweise etwas von „Weihnachtsmarkt". Der gute würzige Geruch gegrillter Würstchen liegt in der Luft, die großzügig allen kostenlos angeboten werden, die Hunger haben. Der heiße Tee in den verteilten Tassen dampft in der Kälte, und manchmal schaut man auch in lächelnde Gesichter großer und kleiner Menschen. Auf der anderen Seite ist da das unfassbare Leid, das wir im Moment nur vermuten können. Größere und kleinere Hilfsorganisationen kümmern sich an ihren Ständen um die ankommenden Flüchtlinge, es gibt kostenlos wärmende Suppe, Windeln, Hygieneartikel, Obst und andere nützliche Dinge. Junge polnische Soldaten und Soldatinnen fassen hier und da mit an, wenn es die Situation erfordert. Ich beobachte eine Situation, in der ein Soldat seine Militärjacke abgibt, um erstmal auszuhelfen, weil jemand friert; später, als eine andere Lösung gefunden ist, tauscht er seine Jacke wieder zurück. Journalisten internationaler Fernsehsender versuchen, ihren Zuschauern realistische Eindrücke zu vermitteln.

Vorne an der Straße, die vom Grenzübergang nach Chelm führt, steht eine kleine Menschentraube, die offensichtlich wartet, abgeholt zu werden. In ihrer Mitte fällt uns eine alte Frau – vielleicht um die 80 Jahre – auf, dunkel und sicher nicht winterfest gekleidet, die nun vermutlich zum wiederholten Mal Krieg, Zerstörung und Flucht erlebt. Mit starrem Blick auf ihre einzige Tasche, traumatisiert wirkend, sitzt sie auf einem Rollator. Immer wieder reicht ihr jemand einen wärmenden Tee, aber sie winkt dankend ab. Wir spüren, dass wir hier helfen können und beschließen, Hilfsgüter aus unseren Autos zu holen: Schlafsäcke, Decken, die Welcome-Packs für Babys in den violetten Stoffbeuteln, Süßigkeiten und einige Stofftiere. Der alten Frau reichen wir eine Decke, die wir ihr um ihre Schultern legen. Es ist einer der wenigen Momente, in denen ich diese Frau lächeln sehe.

Wir sind immer noch auf der Suche nach unserer Nische, die wir hier – ungeachtet der vielfältigen und beeindruckenden Hilfsbereitschaft – ausfüllen können. Ich beschließe, mich mit Schokoriegeln den Kleinsten zuzuwenden. Mein Blick ist auf den Grenzübergang gerichtet, als eine Mutter mit ihren beiden Töchtern diesen erreicht. Sie zieht einen kleinen Koffer hinter sich, die Kinder neben ihr – tapfer, der Kälte trotzend, kehren sie ihrem geliebten Heimatland den Rücken, um ihr Leben zu retten. Sie werden von einem Mann abgeholt, der schnell mit ihnen auf der anderen Straßenseite verschwindet. Ich greife noch ein Stofftier und entschließe mich hinterherzulaufen.

Ich erreiche das Auto des Mannes, der Koffer steht noch davor, die Frau mit ihren Kindern daneben, sie wirkt erschöpft und unsicher. Der Mann isst ein Würstchen. Ich kann die Situation nicht richtig bewerten, beuge mich zu den beiden Mädchen hinunter und gebe ihnen einen Schokoriegel, der Kleinen noch ein Stofftier. Beide Mädchen strahlen über das ganze Gesicht, die Kleine hüpft mit dem Stofftier in der Hand auf und ab, zeigt es ihrer Mutter, die wiederum auch glücklich scheint, dass ihre Kinder Grund zur Freude haben. Ich bin fassungslos und gerührt als mich die Kleine umarmt, einen wildfremden Menschen, der in der einsetzenden Dämmerung aus dem Nichts auftaucht. Die Kommunikation ist schwierig, offenbar verstehen die beiden Kinder und die Mutter weder Deutsch noch Englisch. Ich komme mit dem Mann ins Gespräch, der immer noch sein Würstchen verzehrt und ein perfektes Englisch spricht. Er erzählt mir, dass er die drei noch nie getroffen habe. Über eine Organisation sei er mit dem Vater und Ehemann vernetzt, aber auch sie seien sich noch nie begegnet. Er habe die Verantwortung übernommen, die Mutter mit ihren Kindern sicher von der Grenze abzuholen, um sie erstmal für ein oder zwei Nächte in seinem Haus bei Warschau unterzubringen. Das sei auch der Grund für seinen Hunger, er sei schon lange unterwegs und bräuchte erstmal eine Stärkung; die Mutter mit ihren Kindern hatte offenbar abgelehnt, etwas zu essen.

Ich erkundige mich nach den weiteren Plänen. Wohin möchte diese Frau mit ihren Kindern? Gibt es ein Ziel? Die Antwort löst Unruhe in mir aus, ich werde nervös und sehe ganz plötzlich meine Nische: Sie möchte zu Ihrer Tante nach Siegburg bei Köln. Mir ist klar, dass meine Glaubwürdigkeit vermutlich stark in Frage gestellt wird, als ich erwähne, dass ich an einem der nächsten beiden Tage nach Köln fahre und die drei mitnehmen könnte.

Aufgrund der Sprachbarriere kann die Frau dem Gesprächsverlauf nicht folgen und ist weiter damit beschäftigt, ihre überglückliche Tochter zu beruhigen. Der Mann übersetzt und ich schaue in ungläubige und zweifelnde Gesichter. Jetzt gilt es Vertrauen aufzubauen! Ich zeige ihr ein Foto vom Kölner Dom, ein Foto von meiner Familie mit unseren beiden Söhnen und bitte sie zu warten, ich möchte gerne meine Frau Stefanie dazu holen. Schnell laufe ich zurück zum Grenzübergang und mache Stefanie klar, dass sie genau jetzt dringend gebraucht wird. Wir laufen zurück zum Auto des Mannes, und ich hoffe sehr, dass wir schnell genug waren. Die Situation am Auto ist indes unverändert, auch die Wurst noch nicht aufgegessen. Einerseits mag die Situation alle – und das schließt mich ausdrücklich ein – überfordert haben. Andererseits bin ich davon überzeugt, dass mit

Stefanies Einbindung noch ein zusätzliches Stück Vertrauen aufgebaut wird.

Wir erfahren, dass die Frau Daria heißt, ihre Kinder Kateryna (4 Jahre) und Natalia (9 Jahre); sie kommen aus Dnipro, einer Millionenstadt im Dreieck Mariupol, Charkiw und Kiew. Der Ehemann und Vater durfte nicht ausreisen und muss sich zur Verfügung halten, um sein Land zu verteidigen. Ich beuge mich nochmal zu den beiden Mädchen hinunter und blicke in Katerynas süßes Gesicht. Mit ihrer Wintermütze, unter der ihre schwarzen Haare herausschauen, und ihren dunklen Augen ist sie ein Blickfang. Unvorstellbar, dass es in diesem Krieg Menschen gibt, die diesen liebenswerten Personen etwas antun würden. Ich zwinkere Kateryna zu, sie zwinkert zurück, das Spiel funktioniert auch im Weiteren ohne Sprache sehr gut. Es wäre zu schön, wenn es uns gelänge, diese reizenden Personen von uns zu überzeugen.

Der Mann stellt sich als Marek vor. Er lobt unseren Einsatz, macht uns aber auch klar, dass er Verantwortung für die drei übernommen hat, weswegen er uns diese jetzt nicht einfach übergeben möchte. Wir verstehen das natürlich, zu viel passiert auch in diesen Zeiten - in den sozialen Medien häufen sich Berichte über Menschenhandel und Zwangsprostitution. Menschliche Schicksale werden als leichte Beute identifiziert und skrupellos ausgenutzt.

Marek reicht mir sein Handy und bittet mich, seine Kontaktdaten zu übertragen; er hat immer noch mit der

Wurst zu tun. Wir vernetzen uns und beschließen, die Ereignisse und Informationen erstmal setzen zu lassen; man könne später ja nochmal in Kontakt treten. Unsicher, was das am Ende bedeuten wird, verabschieden wir uns. Kateryna und ich zwinkern uns noch einmal zu, bevor wir in der Dämmerung verschwinden.

Die Eindrücke wirken stark nach. Stefanie und ich sind aufgewühlt, und natürlich berichten wir sofort in der Gruppe von unserem Erlebnis. Die alte Frau wartet noch immer auf ihrem Rollator, und Jürgen beschließt, ihr eine weitere Decke umzulegen. Es ist einfach unglaublich kalt, und mit jedem schwindenden Sonnenstrahl wird die Situation nicht besser. An den Hilfsständen wurden wärmende Feuer angezündet, auch am Rande der Laufwege stehen Feuerschalen, an denen sich Menschen – Flüchtende und Helfer – aufwärmen. Von unseren Hilfsgütern wurde inzwischen einiges verteilt. Auch die Welcome-Packs in den violetten Beuteln können sehr gut an junge Mütter mit ihren Babys auf dem Arm übergeben werden. Dabei erweist sich die Beschriftung auf den Taschen als außerordentlich hilfreich. Wir sind sehr froh, dass wir noch einige Hilfsgüter zurückgehalten hatten, um auch in diesem besonderen Umfeld handlungsfähig zu sein. Ich bin davon überzeugt, dass unsere Spender mit dem gewählten Vorgehen einverstanden gewesen wären.

Der Flüchtlingsstrom reißt nicht ab. Wir sehen eine sechsköpfige Familie die Grenze überschreiten. Es ist eine der seltenen Konstellationen, in denen ein Mann mit ausreist. Wie wir heute wissen, wird das seitens der ukrainischen Grenzbehörden bei kinderreichen Familien zugelassen oder wenn ein Kind eine Behinderung aufweist. Ich gehe auf die Familie zu und verteile wieder Schokoriegel an die Kinder, das kleinste ist gerade im Begriff laufen zu lernen. Die Familie wirkt ausgelaugt und erschöpft. Sie gehen langsam weiter und bleiben an dem Zelt einer Hilfsorganisation stehen, wo sie erstmal mit heißen Getränken versorgt werden. Wir beobachten die Situation eine ganze Weile. Die Familie wirkt orientierungslos, bald schon hilflos, das kleinste Kind weint in der Dunkelheit. Jürgen denkt zuerst an die Schlafsäcke für den Fall, dass diese Familie an diesem Ort ihre Nacht verbringen muss – ein Schlaflager ist hier jedenfalls nicht vorgesehen. Jürgen, der auch ein paar Worte Ukrainisch spricht, nimmt sich der Situation an. Kurz darauf kommt er zurück und bestätigt den zuvor gewonnenen Eindruck. Diese Familie hat die Grenze nur mit einem Ziel überschritten – sich in Sicherheit vor Tod und Zerstörung zu bringen, die Kinder zu schützen. Weitere Ziele gibt es nicht. Die Familie weiß nicht, wo sie hin will. Sie weiß auch nicht, wo sie hin kann – und das bei Einbruch der Dunkelheit und Eiseskälte. Es ist offensichtlich, dass die Situation gänzlich anders ist als zuvor bei Daria und ihren beiden Töchtern, die immerhin ihr vorläufiges Ziel kannte.

Wir haben eine Idee, der wir in Abstimmung mit der Familie sofort nachgehen. Jürgen wird die Familie in seinem Wohnmobil mitnehmen und in das noch am frühen Nachmittag besuchte Flüchtlingslager in Chelm bringen. Er ist überzeugt, dort für den Übergang – trotz der offensichtlichen Überfüllung – Plätze für ein oder zwei Nächte zu finden. Die Familie könnte wieder etwas Kraft tanken und sich über die nächsten Schritte klarwerden. Später, auf dem Weg Richtung Chelm, telefoniert Jürgen mit seiner Schwester Anna Maria, die sehr gut Ukrainisch spricht und nach einem Gespräch mit der geflüchteten Familie nochmals bestätigt, dass diese ziellos unterwegs ist, keine Adresse hat. Daraufhin beschließt Jürgen, sich der Familie anzunehmen und telefoniert mit seinem Bruder Ralph, der ein Quartier in Niederkassel in der Nähe von Bonn zusagt. Wieder eine unerwartet gute Entwicklung!

Zwei unserer Helfer waren bereits am Morgen nach Warschau aufgebrochen, um in dem uns dort bekannten Flüchtlingslager eine größere Gruppe aufzunehmen und wunschgemäß nach Göttingen zu bringen; eine Maßnahme, die vor dem Hintergrund des vollständig überlasteten Bahnhofs in Polens Hauptstadt mehr als sinnvoll ist. Jürgen bietet der Familie an, sie mit in unser Hotel zu nehmen. Die im Vorfeld bezahlten Doppelzimmer der beiden abgereisten Helfer stehen zur Verfügung und reichen zur Unterbringung der sechs Personen aus, wenn man etwas zusammenrückt. Die Familie ist dankbar für diesen Vorschlag. Und so entschwindet das Wohnmobil mit der sechsköpfigen Familie weiter durch die Dunkelheit nach Lublin.

Wir wollen noch nicht loslassen und gehen wieder zum Grenzübergang, wenngleich uns die Kälte allmählich auch zu schaffen macht. Mit der Dunkelheit hat die Zahl der zu Fuß kommenden Flüchtlinge etwas abgenommen; stattdessen gibt es zahlreiche Autos, die die Grenze queren. Wir stellen uns mit Getränken und Süßigkeiten an die Straße und halten diese den vorbeifahrenden Autos entgegen. Die meisten stoppen, öffnen die Fenster, schauen unsicher. Uns fällt auf, dass viele Autos überfüllt sind. So teilen sich auch in Kleinwagen, um die es sich ganz überwiegend handelt, bis zu sechs Personen die Rückbank, Babys nicht mitgezählt. Auch hier haben wir den Eindruck, dass unsere Spenden sehr willkommen sind und für eine kleine Stimmungsaufhellung sorgen.

Zwischenzeitlich wärmen wir uns selber kurz an den Heizstrahlern der Zelte auf, bevor wir letztlich auch entscheiden, die Rückkehr nach Lublin anzutreten. Wir legen der alten Frau noch eine weitere Decke über den Rücken, nicken ihr zu und gehen zurück zu unserem Auto. Als wir kurz danach den Parkplatz verlassen, sehen wir einen Transporter an der Straße, in den einige Menschen einsteigen – die alte Frau ist auch dabei.

VERHANDLUNGEN

Der Aufenthalt im Flüchtlingslager in Chelm und dann an der Grenze in Dorohusk war einer der emotionalsten Tage meines Lebens. Es ist ein sehr schönes Gefühl zu spüren, dass wir helfen konnten. Ich verstehe immer besser, was Jürgen meint, wenn er Erich Kästner zitiert: „Es gibt nichts Gutes, außer man tut es." Wir haben versucht Gutes zu tun, wir haben Menschen eine Freude gemacht. Leider können auch wir die Welt nicht ändern und die schlimmen Dinge, die in der Ukraine passieren, ungeschehen machen. Aber das kann leider auch nicht unser Ziel sein. Im Vordergrund steht jetzt vielmehr, einen Beitrag zu leisten, die Welt ein kleines bisschen besser zu machen, indem man seine Nische findet, in der sich etwas zum besseren bewegen lässt. Es kommt auch nicht darauf an, für alles einen passenden Masterplan in der Tasche zu haben, am Anfang zu wissen, was am Ende herauskommt. In sich dynamisch verändernden Situationen, wie wir sie aktuell erleben, ist Flexibilität eine gute Maxime, die in Verbindung mit der Bereitschaft zur Verantwortungsübernahme sehr gut funktioniert.

Zurück in Lublin ist es mir zunächst ein Anliegen, Kontakt zu Marek aufzunehmen. Ich möchte wissen, ob Daria mit ihren Töchtern gut in Warschau angekommen ist und wie es jetzt mit der Fahrt nach Köln weitergeht. Per WhatsApp informiere ich ihn über unseren Plan: Wir werden am nächsten Tag zurückfahren und haben vor, an der deutsch-polnischen Grenze zu übernachten; hier werden wir dann auch andere Mitglieder unserer Gruppe sowie mitreisende Flüchtlinge treffen. Daria könnte mit ihren Töchtern bei uns einsteigen, Hotelübernachtung und Verpflegung werden aus Spendenmitteln finanziert. Zur Information schicke ich neben einem Foto unserer Gruppe auch noch den Link der Hilfsorganisation, die das ganze Vorhaben ermöglicht hat: www.menschenfreude.org. Mareks Antwort kommt prompt: Er schickt mir ein Bild, das seine Familie zusammen mit Daria und den Kindern zeigt. Dieses wirkt fröhlicher als es vielleicht im Inneren der Betroffenen aussieht. Ich biete nochmals meine Hilfe an und zeige mich offen für weitere Rückfragen.

Die Helfer, die noch auf ihren Beinen stehen können, vereinbaren, sich wieder in der Bar des benachbarten Hotels zur Lagebesprechung zu treffen. Trotz der Kälte ist die Vorstellung eines kühlen Bieres motivierend genug, um emotional ein wenig herunterzukommen und sich auf den nächsten Tag einzustimmen.

Wir gehen über den Hotelparkplatz, die Scheiben einiger Autos sind gefroren, der Rasen ist weiß gepudert. Ich habe den Eindruck, dass vermehrt ukrainische Autos am Hotel abgestellt sind. Die Vorstellung, dass „unsere“ sechsköpfige Familie vielleicht unter freiem Himmel geschlafen hätte, ist unerträglich.

Wir haben fast das benachbarte Hotel erreicht, als plötzlich mein Smartphone klingelt. Ich höre eine weibliche

Stimme am anderen Ende der Leitung, die sich als Mareks Ehefrau Zuzanna zu erkennen gibt. Das Telefonat ist ihr merklich unangenehm. Sie hat offenbar die Aufgabe übernommen, mir nochmal auf den Zahn zu fühlen, bevor sie Daria und die Kinder mit uns reisen lassen. Viele Male entschuldigt sie sich bei mir, betont, dass sie mir keine unlauteren Absichten unterstellen möchte. Als Juristin müsse sie aber sichergehen, dass alles seine Ordnung hat – ihr Mann Marek habe ein gutes Herz, aber das alleine reiche eben nicht, um eine derartige Entscheidung zu treffen. Man fühle sich für die anvertrauten Flüchtlinge verantwortlich. Ich habe volles Verständnis für ihre Sicht der Dinge und kann ihr auch folgen, als sie mich vorsichtig bittet, meinen Personalausweis zu fotografieren, damit sie diesen von einem befreundeten Polizisten überprüfen lassen kann. Wir verabschieden uns freundlich, und ich bin erfreut, als mich wenige Minuten später Marek anschreibt, um nochmal für mein Verständnis zu werben. Mit einem wunderschönen Bild von Kateryna und Natalia, die offenbar mit Buntstiften und Wassermalfarben Ablenkung gefunden haben, wünscht er mir eine gute Nacht und kündigt an, sich am nächsten Morgen wieder zu melden.

Die Erfahrungen des Tages werden an der Bar des Nachbarhotels geteilt. Jede Flüchtlingsgeschichte ist eine traurige Katastrophe, ist extrem berührend und löst Gänsehaut am ganzen Körper aus. Jetzt, wo die Spannung des Tages etwas abfällt, rollt die eine oder andere

Träne, ob vor Wut auf die Verursacher der Tragödie, vor Rührung oder auch Erschöpfung.

Jürgen berichtet von dem Plan für die sechsköpfige Familie, die inzwischen beide freien Zimmer im Hotel bezogen hat und froh ist, etwas Ruhe zu finden. Die Gruppe ist beeindruckt und spontan gibt es im Helferkreis Applaus und Anerkennung. Noch vor wenigen Stunden war die Familie auf dem Weg in eine komplett unsichere Zukunft an einem unbekannten Ort. Das letztere hat sich in den vergangenen Stunden mit dem Zielort Niederkassel geändert und damit eine positive Entwicklung genommen! Wir trinken unser Bier aus und gehen erschöpft, geprägt von den tiefgreifenden Eindrücken des langen Tages zurück in unser Hotel.

Auch an diesem Abend werfe ich einen Blick auf den Leserkreis meines WhatsApp-Status. Die Leser des Vortages sind weiterhin dabei, weitere sind hinzugekommen; wieder gibt es ermutigende Rückmeldungen. Von unserer Grenzerfahrung suche ich einige angemessene Bilder aus und stelle diese in den Status. Ich bin davon überzeugt, dass die damit transportierten Stimmungen kaum jemanden kalt lassen können.

DAS ERSTE WIEDERSEHEN – GEBORGENHEIT IN WARSCHAU

Als der Wecker in aller Frühe klingelt, weiß ich, dass mir Schlaf fehlt, die Nacht war zu kurz. Mein Blick gilt wie jeden Morgen erstmal meinem Smartphone, um die Entwicklungen der Nacht im Ukraine-Krieg nachzuvollziehen. Ich sehe, dass Marek geschrieben hat, und öffne seine Nachricht. Es kommt, wie ich es eigentlich auch erwartet habe: Die Ausweisprüfung durch den befreundeten Polizisten lieferte keine kritischen Erkenntnisse, so dass alle zustimmen, dass Daria mit ihren Töchtern bei uns mitfährt.

Und offensichtlich besteht auch auf Darias Seite eine große Erleichterung. Die Alternative wäre eine Zugfahrt gewesen – aktuell beträgt die Wartezeit am Warschauer Hauptbahnhof zwei Tage, um ein entsprechendes Freiticket für Ukraine-Flüchtlinge zu erhalten. Die Zustände am Bahnhof sind trotz der riesigen Hilfsbereitschaft in Polen äußerst problematisch. Hinzu kommen notwendige Umstiege auf anderen Bahnhöfen, verbunden mit Wartezeiten, und das alles ohne Kenntnis der jeweils erforderlichen Sprachen. Es liegt nahe, dass man mit zwei kleinen Kindern so etwas möglichst vermeiden möchte.

Ich freue mich sehr über Mareks großzügiges Angebot, die ganze Helfergruppe bei unserem Stopp in Warschau mit Kaffee und Kuchen versorgen zu wollen. Ich lehne dankend ab und verweise auf die mindestens ebenso wichtigen Parallelaktivitäten der anderen Helfer. Wir verabreden uns für die Mittagszeit in Warschau.

Erwartungsvoll gestimmt packen wir unsere Sachen und treffen die anderen im Frühstücksraum. Kurz werden die aktuellen Entwicklungen ausgetauscht, und wir verabreden uns für abends in einem noch zu organisierenden Hotel auf der Rückreiseroute. Im Moment kann noch nicht verbindlich geplant werden, weil noch nicht in allen Fällen klar ist, ob und ggf. wieviele Flüchtlinge mitfahren.

Nach dem Frühstück checken wir aus und treffen uns vor dem Hotel. Ein Anhänger ist immer noch voll, vereinzelt sind noch Kisten übrig. Diese Hilfsgüter werden absprachegemäß in den nächsten Stunden an weiteren Stellen in Lublin ausgeliefert; hier hatte die lokalkundige Maria aus der Kirchengemeinde nochmals ihre Kontakte spielen lassen. Zusammen mit uns steht die sechsköpfige ukrainische Familie vor dem Hotel. Ich sehe sie heute zum zweiten Mal, aber der Vater, dessen Namen ich gar nicht kenne, kommt mit einem Lächeln auf mich zu. Ich spüre bei ihm die Freude darüber, ein weiteres bekanntes Gesicht von der Grenze zu sehen. Er gibt mir die Hand, kommt mir sehr nah, wirkt glücklich und dankbar.

Das sind Momente, in denen ich Corona komplett vergesse (was übrigens auch mal ganz angenehm ist). Eigentlich bin ich eher vorsichtig, versuche mich möglichst konsequent an die Regeln zu halten. Aber kann man jemanden in einer solchen Situation zurückweisen? Kann man ihm die Nähe verwehren, die genau in diesem Moment so wichtig ist. Die Entscheidung fällt unbewusst und ist daher gar nicht schwer.

Die ukrainische Familie ist spärlich ausgestattet. Neben der Kleidung, die sie tragen, gibt es nicht viel – einen Koffer, einen Rucksack – nicht mehr. Doch die Situation hat sich für diese Menschen jetzt geändert. Sie wissen, dass sie nicht mehr auf eigene Faust nach einer Bleibe suchen müssen. Sie können sich darauf verlassen, dass Jürgen sie nach Niederkassel bringt. Wir erkundigen uns, was mit hoher Priorität von dieser Familie benötigt wird: Schuhe, Kleidung, auch Spielzeug. Gemeinsam sortieren wir die verbliebenen Hilfsgüter, und es kommt zu einer kleinen Modenschau in der Kälte von Lublin. Die Familie hat die Möglichkeit, sich so auszustatten, dass die erste Zeit in Niederkassel kleidungsmäßig gut zu überstehen ist. Auch hier sehen wir wieder die große Dankbarkeit und Solidarität untereinander. Es wird das genommen, was wirklich benötigt wird; im Zweifel wird eher verzichtet, um nicht anderen Bedürftigen etwas wegzunehmen. Das ist auch beim Spielzeug zu beobachten. Uns allen ist bekannt, dass Kinder oft dazu neigen, ihren Bedarf an Spielzeug zu überschätzen. Dieses Verhaltensmuster scheint ukrainischen Flüchtlingskindern eher fremd zu sein.

Wir haben auch noch ein größeres Paket mit Bauklötzen im Auto, das wir bislang nicht verteilt haben. Schon aufgrund des erheblichen Gewichts ist es nicht naheliegend, dieses Menschen zu übergeben, die ihr letztes Hab und Gut auf dem Rücken transportieren müssen. Da die Familie daran kein Interesse zeigt, belassen wir die Bauklötze in unserem Auto und denken schon an Darias Mädchen.

Und dann meldet sich der ukrainische Familienvater doch noch mal: Er sieht einen Wanderrucksack, nimmt diesen in die Hand und man spürt: Es wäre für ihn eine bevorzugte Alternative zu der ein oder anderen Einkaufstasche, die sich inzwischen angesammelt hat. Wir geben ihm zu verstehen, dass er diesen selbstverständlich behalten darf. Der Mann ist überglücklich und lässt uns an seiner Freude teilhaben.

Als wir dann in Lublin aufbrechen, kommt der Familienvater wieder auf uns zu. Er hatte offensichtlich noch nicht ganz verstanden, dass wir uns am Abend wieder treffen werden. Im Helferkreis befindet sich auch ein vierzehnjähriger Schüler, der durch seine ukrainische Mutter entsprechende Sprachkenntnisse besitzt. Er erläutert kurz den Plan, und der Familienvater blickt uns fast schon erleichtert an. Obwohl wir uns am selben Tag wiedersehen werden, umarmen wir uns und genießen den Moment.

Von Lublin nach Warschau sind es etwa zwei Autostunden. Wir fahren die Autobahn zurück, auf der wir vor zwei Tagen angereist waren. Hin und wieder sieht man, dass militärisches Gerät in östlicher Richtung transportiert wird. In unserer Fahrtrichtung überholen wir eine große Zahl ukrainischer Fahrzeuge, oft auffallend verschmutzt und vielleicht ein Indiz für die lange Fahrt unter widrigsten Umständen. Wir sehen die Panne eines ukrainischen Fahrzeugs, das auf dem Seitenstreifen abgestellt ist; offensichtlich wird hier Hilfe benötigt. Da wir erst zu spät darauf aufmerksam werden, können wir nicht rechtzeitig anhalten. Wir überlegen, ob wir bei der nächsten Ausfahrt die Autobahn verlassen, ein Stück zurückfahren, um dann nach erneutem Richtungswechsel gezielt anhalten zu können. Unsere technischen Möglichkeiten sind zwar eher beschränkt, aber wir könnten das Auto abschleppen (mit Anhänger?), jemanden zum nächsten Ort mitnehmen oder auch einfach einen Geldbetrag aus den uns überlassenen Spendenmitteln zur Verfügung stellen. Am Ende entscheiden wir uns dagegen, auch vertrauend darauf, dass sich noch andere helfende Hände finden werden: Wir sind mittags in Warschau verabredet und ohnehin spät dran; außerdem liegt noch eine ordentliche Wegstrecke bis zur Übernachtung an der deutsch-polnischen Grenze vor uns.

Auf der weiteren Fahrt meldet sich nochmal Marek per WhatsApp. Er gibt uns einige hilfreiche Informationen zu Daria, ihren Kindern, dem beruflichen und familiären Hintergrund, auch zu den konkreten Kriegserfahrungen. Insbesondere ist für uns wichtig zu verstehen, dass Kateryna, die kleinere Tochter, an einer Glutenunverträglichkeit leidet; darauf müssen wir uns einstellen. Er informiert uns auch, welche persönlichen Dokumente vorliegen und was fehlt.

Ich empfinde es als sehr weitsichtig, dass Marek auch auf Corona eingeht. Er schreibt, dass er und seine Frau, aber auch Daria dreifach geimpft sind und über entsprechende Impfnachweise verfügen. Wir hatten uns im Vorfeld auch schon Gedanken darüber gemacht, wie wir bei der gemeinsamen Autofahrt mit dem Corona-Risiko umgehen sollen. Zu einer richtigen Lösung sind wir bislang nicht gekommen. Wir nehmen daher Mareks Hinweise zum Anlass, nochmal darüber nachzudenken. Für uns ist klar, dass wir Daria und die Kinder jetzt mitnehmen müssen und wollen, egal ob jemand Corona-positiv ist; auf der anderen Seite wollen wir uns dann natürlich nicht anstecken. Die einzige Lösung wäre in diesem Fall das durchgängige Tragen von Masken und die Hoffnung darauf, dass dieser Schutz ausreicht. Zu Beginn unserer Reise hatten wir in Deutschland mehrere Corona-Testkits sowie Masken für Kinder und Erwachsene eingepackt. Wir fragen Marek, ob es in Ordnung ist, dass alle einen Coronatest machen, um ein bestmögliches Bild zu erhalten. Später werden wir glücklicherweise sehen, dass aufgrund durchgängig negativer Tests die selbst auferlegte Maskenpflicht im Auto entfallen kann.

Mareks und Zuzannas Haus liegt in einem Warschauer Vorort an einem Waldstück. Trotz Navigationsgerät brauchen wir einige Zeit, um es zu finden. Mit jedem Kilometer, den wir uns nähern, steigt unsere Nervosität. Wie wird das erste Aufeinandertreffen nach dem kurzen Grenzkontakt sein? Das Auto parken wir direkt vor der

Tür. Wir klingeln. Zuzanna und Marek öffnen die Tür und vom ersten Moment an ist da eine überwältigende Herzlichkeit. Wir ziehen die Schuhe aus und betreten das schöne Haus. Daria und ihre ältere Tochter Natalia stehen im Hintergrund, wir begrüßen uns freundlich, aber noch etwas unsicher. Man spürt, dass das Eis noch schmelzen muss – man ist sich natürlich noch sehr fremd und zweifelt vielleicht immer noch, ob die Entscheidung, bei uns ins Auto zu steigen, richtig ist. Etwas später kommt Kateryna die Treppe hinunter und auch sie braucht einen Moment um aufzutauen. Zuzanna bietet uns einen Kaffee an, bevor wir dann im offenen Esszimmer Platz nehmen. Sie hat eine Art Gemüseeintopf gekocht, dazu Reis. Wir wussten nicht, dass hier ein Mittagessen auf uns warten würde, aber natürlich freuen wir uns darüber. Dank der guten englischen Sprachkenntnisse von Zuzanna und Marek kommt eine lebendige Unterhaltung in Gang. Wir sprechen natürlich über die Sinnlosigkeit des aktuellen und früherer Kriege, über Darias Fluchtentscheidung, dann aber auch über das schöne Haus unserer Gastgeber und das leckere Essen. Da Marek und Zuzanna immer wieder übersetzen, dauert die Unterhaltung länger als gewöhnlich.

Kateryna wird die Unterhaltung zu lang. Sie kommt zu mir, greift meine Hand und beschließt, mit mir eine Hausführung zu machen. Dabei erzählt sie allerlei in Ukrainisch oder Russisch – obwohl ich kein Wort verstehe, glaube ich doch, das eine oder andere richtig zu interpretieren. Ich bin natürlich unsicher, als Kateryna mich mit auf die erste Etage nehmen will und schaue Marek fragend an. Ich kann doch nicht einfach in einem fremden Haus alle Zimmer inspizieren, nur weil mich eine kleine Prinzessin dazu auffordert. Zweifelnd schaue ich auf Marek, der mir lächelnd signalisiert, dass sein Haus auch mein Haus sei. Ich bin beeindruckt von dem Vertrauen, das mir jetzt entgegengebracht wird. Die Zweifel, die ich berechtigterweise noch im Telefonat mit Zuzanna am Vorabend erlebt hatte, sind wie weggewischt. Kateryna lässt meine Hand gar nicht mehr los. In dem Zimmer von Mareks Tochter angekommen, zeigt sie mir „ihren" Malkasten und die entstandenen Bilder. Sie führt mich weiter durch die Zimmer, bietet mir einen der Kaugummis an, die von einer Geburtstagsfeier übriggeblieben waren. Wir gehen durch einen Fitnessraum und lassen auch das Badezimmer nicht aus. Irgendwann läuft mir Mareks Sohn über den Weg, der gerade aus der Schule kommt, sein Zimmer aufsuchen will und dabei feststellt, dass ein Fremder dieses soeben verlassen hatte. Eine wirklich skurrile Situation, die den irritierten Blick des Teenagers mehr als erklärt. Ich kann es sehr gut nachvollziehen und würde mit Sicherheit vergleichbar schauen, wenn ich in meinem Haus unerwartet auf fremde Menschen stoße, mit denen ich nicht rechne.

Kateryna nimmt mich mit in den Keller, die kleine weiche Hand lässt meine nicht mehr los. Sie murmelt vor sich hin und blickt immer wieder zu mir hoch. Wir kommen in einen Raum, in dem offensichtlich Daria mit den beiden Kindern untergebracht ist. Das vierjährige Kind fordert mich auf, Platz zu nehmen. Ich bin gespannt, was jetzt auf mich zukommt. Was dann passiert, lässt mich mit meiner Fassung ringen. Kateryna kommt mit einem Schokoriegel auf mich zu, den sie offensichtlich von unserer ersten Begegnung an der Grenze übrigbehalten hat. Sie legt den Riegel in meine Hand und schließt meine Finger. Dann schaut sie mich an und zwinkert mir genauso zu, wie wir das an der Grenze gemacht hatten. Mit 4 Jahren! Mir läuft es heiß und kalt über den Rücken. Ich kann kaum glauben, was dieses kleine Mädchen in Bewegung setzt, um die Sprachbarriere zu überwinden und auf sich aufmerksam zu machen. Ein wirklich starker Charakter! Auch wenn wir uns noch nicht lange kennen und nicht miteinander sprechen können, glaube ich sagen zu können, dass sich die Kleine in meiner Nähe wohlfühlt. Das freut mich ungemein – schließlich geht es auch darum, die schlimmen Bilder aus der Heimat etwas in den Hintergrund zu drängen.

Zurück im Esszimmer trinken wir noch einen Kaffee mit unseren Gastgebern und Daria, bevor wir langsam zum Aufbruch drängen. Es liegt noch eine ordentliche Wegstrecke vor uns, die wir bis zum Abend mit zwei kleinen Kindern zurückzulegen haben. Wir machen ein Erinnerungsfoto von uns allen, bevor uns Zuzanna mit einem liebevoll gepackten Lunchpaket versorgt. Sie schenkt uns zwei Gläser selbstgemachte Marmelade und verweist auf zwei weitere Gläser, die für Daria bestimmt sind. Als sie ergänzt, dass Daria diese auf dem Rückweg bekommt, wenn sie wieder in die Ukraine zurückkehrt, bekomme ich wieder Gänsehaut – das „ob“ und das „wann“ sind aus heutiger Sicht nicht abschätzbar.

Wir gehen zur Haustür. Marek und ich umarmen uns herzlich. Wir sind uns einig, dass diese Begegnung nicht unsere letzte sein soll. Ein Wiedersehen unter hoffentlich anderen Bedingungen soll es geben, ob in Warschau oder in Brühl ist dabei gleichgültig.

Wir packen das wenige Gepäck von Daria und den Kindern ein, Kateryna hält ein Einhorn in der Hand, das sie aus der Ukraine mitgebracht hat und das ihr offenbar viel bedeutet. Kathrin aus unserer Helfergruppe hatte mir am Morgen in Lublin ebenfalls ein Einhorn für die Kinder mitgegeben. Dieses wartet schon auf dem Rücksitz und führt zu einer hocherfreuten Reaktion beim Einsteigen. Es ist wie beim Memory-Spiel: Irgendwie passt es hier zusammen!

EINE HOTELRESERVIERUNG FÜR 23 PERSONEN

Wir rollen in Richtung Heimat: unsere gewohnte alte und – zumindest für die nächste Zeit – die neue für unsere ukrainischen Gäste. Kateryna hat sich mit ihren Einhörnern in der Mitte auf dem Rücksitz positioniert; die Sitzerhöhung haben ihr Marek und Zuzanna mitgegeben. Links neben ihr sitzt ihre Schwester Natalia, rechts Daria, die immer wieder auf ihr Smartphone blickt und offensichtlich mit anderen Menschen in Dnipro im Austausch steht.

Ich schaue immer wieder mal in den Rückspiegel, die Mädchen lächeln mich an und scheinen zufrieden zu sein. Ich würde mich gerne unterhalten, aber es bleibt erstmal bei aussagekräftigen Blickkontakten und Gesten. Natalia hat in der Grundschule ein wenig Englisch gelernt und ist bemüht, die wenigen Vokabeln einzusetzen, wenn es sinnvoll erscheint. Wir hatten bereits im Vorfeld die Google Übersetzungs-App installiert. Diese ermöglicht uns allen, miteinander ein Stück weit zu kommunizieren. Wir erfahren, dass in der Heimat „unserer“ Ukrainer Russisch gesprochen wird, auch zu Hause in der Familie. Anders sieht es in der Schule und bei Behörden aus, dort werde Ukrainisch gesprochen. Es fällt uns schwer, das richtige Maß in der Kommunikation zu finden. Wir wollen nicht neugierig und schon gar nicht aufdringlich sein; vom Schicksal der Familie möchten wir nur das wissen, was Daria von sich aus erzählen möchte. Die Kommunikation bleibt zunächst etwas oberflächlich, aber immer freundlich.

So langsam ist es an der Zeit, sich um die Hotelplanung zu kümmern. Stefanie nimmt das Thema in die Hand und verschafft sich einen Überblick über den aktuellen Status der Reisenden und Mitreisenden auf unserer Route. Wir vergleichen die Übernachtungspreise auf deutscher und polnischer Seite und merken schnell, dass es spürbar günstiger ist, auf der polnischen Seite etwas zu suchen. Wenn wir in Grenznähe übernachten könnten, wäre das etwa auf halber Strecke. Wir hätten dann die Möglichkeit, am nächsten Tag relativ entspannt nach dem Frühstück aufzubrechen und würden wahrscheinlich das Rheinland noch im Hellen erreichen. Aus unserer Sicht ist es für unsere ukrainischen Gäste besser, wenn sie ihren Zielort, an dem sie in der Regel noch nie gewesen sind, bereits im ersten Moment bewusst wahrnehmen können; es wirkt dann einfach alles freundlicher und weniger befremdlich.

Inzwischen sind die Rückmeldungen unseres Hilfskonvois fast vollständig eingetroffen und der Zimmerbedarf kann ermittelt werden. Anfangs versuchen wir das noch im Kopf. Da sich aber immer wieder Fehler einschleichen, plant Stefanie konventionell auf einem Block mit einer Strichliste. Unser Bedarf stellt sich danach wie folgt dar:

- 5 Einzelzimmer für die Helfer,
- 1 Doppelzimmer für die Helfer,
- 1 großes Familienzimmer für die 6-köpfige Familie,
- 2 Dreierzimmer für Daria und ihre Töchter sowie eine Großmutter mit Enkel und Enkelin Yana,
- 2 Doppelzimmer für eine Familie aus Kiew mit einer körperbehinderten Tochter.

3 Fragen an Yana aus Kiew, 12 Jahre, die mit ihrem Bruder und ihrer Großmutter geflüchtet ist (1|3):
Was war besonders schwer, als du erfahren hast, dass du Kiew verlassen musst?

„Es war sehr schwer, das alles zu begreifen. Dass wir ohne Eltern gehen, weil sie in der Ukraine bleiben würden, um zu helfen. Und dass einige Freunde und meine Lieblingslehrer dort geblieben sind. Ich vermisse sie alle sehr und wollte meine Heimat nicht verlassen. Zuerst hatten wir auch keine Möglichkeit, Kiew zu verlassen, denn die Stadt war ja schon teilweise eingekesselt. Und dann musste plötzlich alles sehr schnell gehen. Mama und Papa haben gesagt, ihr müsst gehen. Und dann sind wir los. Wir hatten kein Ziel oder einen Plan oder so etwas."

Es wird uns klar, was eigentlich von vornherein feststand: Das wird nicht leicht! Stefanie versucht über die gängigen Portale weiterzukommen, allerdings sind diese nicht darauf ausgelegt, Großgruppen zu vermitteln. In der Regel bleibt für uns unklar, ob wir aufgrund der beschränkten Kontingente in den jeweiligen Portalen nicht weiterkommen, ob die Hotels ausgebucht sind oder ob die Kapazität des jeweiligen Hotels für eine Gruppe dieser Größe überhaupt nicht geeignet ist. Wir sind unsicher und überlegen, was jetzt zu tun ist. Auf der Homepage eines Hotels in Slubice, unweit der deutschen Grenze, werden wir fündig. Nahe an der Autobahn gelegen scheint dieses die erforderliche Kapazität zu haben, macht auch sonst einen soliden Eindruck und verfügt zumindest bis 22 Uhr über einen Restaurantbetrieb mit internationaler Küche, auch nicht ganz unwichtig nach einem langen Tag.

Stefanie wählt das Hotel an, es klingelt. Wir haben keine Ahnung, wie die Hotelleitung mit unserer Anfrage umgehen wird. Wird eine Buchung ohne Vorkasse akzeptiert, die einen Großteil des Hotels blockiert und bei der mit der Anreise der Gäste erst am Abend zu rechnen ist? Wie steht man dem Thema „Flüchtlinge“ generell gegenüber? Und ist überhaupt etwas frei? Eine Dame am Empfang nimmt das Gespräch entgegen. Stefanie kommt direkt zur Sache und formuliert den Zimmerbedarf. Zunächst haben wir das Gefühl, dass die Leitung zusammengebrochen ist, anders können wir uns das Schweigen nicht erklären. Aber die Dame ist noch am Apparat, möglicherweise glaubt sie an einen Scherz. Stefanie wiederholt unsere Anforderung. Die Dame schaut in ihren Belegungsplan, kommt aber schnell durcheinander. Die Anfrage scheint zu kompliziert. Es dauert eine Weile, bis beide Seiten von dem gleichen Bedarf ausgehen. Wir hören, dass die Rezeptionsdame Rücksprache mit einer anderen Frau nimmt – mutmaßlich der Hotelchefin. Wir erläutern nochmal den Hintergrund unseres Anliegens, verweisen auch darauf, dass gegebenenfalls noch weitere Zimmer benötigt werden, sollten andere Fahrzeuge unsere Konvois ihre abweichende Route doch noch ändern. Stefanie stellt klar, dass wir die komplette Abrechnung übernehmen werden. Eine grobe Vorstellung von den Preisen haben wir von den Buchungsplattformen, die genauen Übernachtungskosten sind uns in diesem Moment nicht so wichtig. Nachdem Stefanie ihre persönlichen Daten durchgegeben hat, erhalten wir die Zusage, dass die Übernachtungen wie gewünscht möglich sind. Stefanie schreibt in unseren Gruppenchat und bekommt viele „Daumen hoch". Jetzt haben alle ein konkretes Ziel für diesen Reisetag, und wir schaffen eine Möglichkeit für den Austausch zwischen den Ukrainern, nicht wissend, welchen Stellenwert dieser überhaupt hat.

Ich schaue in den Rückspiegel und sehe Tränen in Darias Augen. Sie spricht etwas in ihr Smartphone, und wir hören die Übersetzung. In Dnipro hat es offenbar soeben zwei Raketenangriffe gegeben, ihre Familie sei aber wohlauf. Und plötzlich ist der Krieg wieder ganz nah. Wir haben eine junge Frau mit ihren kleinen Kindern in unserem Auto, deren Angehörige in diesem Moment den russischen Angriffen ausgesetzt sind. Wenngleich derartige Entwicklungen zu erwarten waren, sind wir geschockt, als uns die Realität in dieser Weise einholt. Daria bemüht sich, die Vorfälle von den Kindern soweit wie möglich fernzuhalten. Beiden hat sie erzählt, dass sie eine längere Urlaubsreise machen. So schwer es ihr fällt, sie versucht positive Stimmung zu verbreiten, die Kinder auf Schöneres einzustimmen. Dass dieses Vorhaben nicht gelingen wird, ist uns klar. Die Traurigkeit in Darias Augen, die Tränen, vielleicht die unruhigen Nächte, der Vater und die Großeltern weit weg, die fremden Menschen um sie herum: Natalia wird mit ihren 9 Jahren mehr mitbekommen als ihre Mutter wahrhaben will, und die kleine Kateryna ist so aufgeweckt, dass sie nicht an einen Ferienspaß glauben wird, auch wenn ihr die Tragweite der Ereignisse noch nicht klar sein kann.

Wir nutzen die Gelegenheit und „unterhalten" uns eine ganze Weile mit Daria. Sie lässt uns teilhaben an ihrer Entscheidung, mit den Kindern zu fliehen. Ihr Heimatort sei im Vergleich zu anderen Städten bisher noch verhältnismäßig verschont geblieben. Für sie sei die Entscheidung beim Einkauf in Dnipro gefallen, als auf dem Heimweg rechts und links Bomben explodierten und eine Schneise der Zerstörung zurückließen. In diesem Moment sei ihr klar gewesen, dass sie in ihrer Heimatstadt nicht mehr sicher mit ihren Kindern leben könne. Zusammen mit ihrem Mann habe sie entschieden, dass sie und die Kinder die Stadt verlassen, auch wenn er seine Familie nicht begleiten könne.

Daria erzählt uns, dass sie Gesangslehrerin sei, auch das Friseurhandwerk habe sie erlernt. Sie sei bereit, auch andere Tätigkeiten in Deutschland auszuüben, um ihren Lebensunterhalt zu bestreiten, wolle auch die Sprache lernen. Sie hoffe, dass die Kinder in die Schule und den

Kindergarten gehen und sehr schnell Fuß fassen werden. Es ist aber auch deutlich spürbar, dass Daria nicht in Deutschland bleiben will; sie möchte zurück in ihre Heimat, so schnell wie möglich. Als sie von Wochen und allenfalls Monaten spricht, habe ich wieder Gänsehaut. Ich wünsche ihr so sehr, dass diese zeitliche Vorstellung Realität wird, aber wer will das heute belastbar abschätzen?

Ich habe mich die ganze Zeit schon gefragt, wann und wie oft sich die Kinder melden werden. Nach der anfänglichen Aufregung und kurzen Schlafphasen ist es jetzt soweit: „Toilette“ scheint ein internationales Wort zu sein. Ich verstehe jedenfalls sofort, worum es geht und fahre den nächsten Rastplatz an. Nach dem nötigen „Bio-Break“ vertreten wir uns alle ein wenig die Beine. Ich gehe mit den beiden Mädchen auf einen Spielplatz, und wir kommen alle drei richtig in Fahrt. Es wird gerutscht, geklettert, geturnt, geschaukelt. Die Mädchen – und ich gebe zu, ich nicht minder – haben jede Menge Spaß. Die beiden lachen vergnügt als sie sich auf einer Wippe gegenseitig hochnehmen. Die Stimmung überträgt sich auf alle. Wir machen einige Fotos, teilen diese anschließend miteinander. Ich bin froh, dass wir den beiden Mädchen auf der Durchreise mit bescheidenen Mitteln eine offensichtliche Freude machen können. Immer wieder schaue ich in die bildhübschen Gesichter von Natalia und Kateryna, die mich wirklich fordern. Die Zeit, in der ich mich mit meinen eigenen Kindern derart verausgabt habe, liegt schon eine ganze Weile zurück. Kateryna will aber mehr: Sie macht mir unmissverständlich klar, dass sie ihren Platz auf meinen Schultern sieht. Ich vergesse meinen Rücken und wuchte das Mädchen nach oben. Wir rennen über den Spielplatz, toben herum. Daria ist das unangenehm, sie weist ihre Töchter zurecht, aber die beiden können auf mich zählen. Wir machen weiter und vergessen die Zeit. Die Sonne senkt sich allmählich, es wird kälter und wir haben auch noch eine größere Strecke vor uns. Auch wenn es schwer fällt: Wir müssen los!

Die beiden Mädchen schlafen schnell im Auto ein. Durch unseren langen Spielplatzaufenthalt werden wir erst entsprechend spät im Hotel ankommen. Hoffentlich hat nachher das Restaurant noch geöffnet! Wir versuchen zu klären, wo sich die anderen unseres Konvois befinden. Alle haben offensichtlich „ihre Themen“. Es sieht so aus, als wenn aus unserer Gruppe nur Sebastian H. und Manfred vor uns fahren. Je länger wir darüber nachdenken, desto mehr kommen wir zu der Erkenntnis, dass wir noch einmal das Hotel kontaktieren sollten. Die Buchungsumstände waren durchaus ungewöhnlich; wir halten es daher für besser, nochmal ein Signal zu setzen, dass wir sukzessive, aber sicher alle eintreffen werden, teilweise auch nach Schließen des Restaurants. Die Dame des Hotels zeigt sich nachsichtig und gibt uns das Gefühl, dass wir weiter auf die Buchung vertrauen können. Sie verweist auch auf eine Bar, an der man zu später Stunde zumindest noch Getränke erhalten könne. Wir sind erleichtert und wollen jetzt einfach nur ankommen.

Die beiden Mädchen sind inzwischen wieder aufgewacht. Obwohl die Fahrt furchtbar langweilig sein muss, sitzen sie geduldig auf ihren Plätzen, spielen kreativ und gehen lieb miteinander um. Wir kommen in den Genuss eines kleinen Konzerts: Kateryna und Natalia singen mehrere, uns natürlich unbekannte Lieder. Es ist schön, diesen Stimmen zuzuhören, und auch hier spüren wir, dass etwas zusammenwächst und Vertrauen entsteht.

3 Fragen an Yana aus Kiew, 12 Jahre (2 | 3):
Wie verlief deine Flucht?

„Wir sind mit einem Hilfskonvoi mit einem roten Kreuz drauf bis nach Lwiw gefahren. Wir durften jeder nur zwei Rucksäcke mitnehmen. Für Koffer war kein Platz. Wir haben eine Nacht in einer umgebauten Bibliothek verbracht. Dann sind wir weitergefahren bis Warschau. Am Bahnhof trafen wir einen Mann, bei dessen Familie wir die Nacht verbringen und uns waschen und etwas essen konnten. Über die Kirche sind wir dann zurück nach Chelm gekommen in das Flüchtlingslager. Und das war, wo wir Kathrin getroffen haben."

Gegen 21 Uhr erreichen wir die Abfahrt Slubice. Wir verlassen die Autobahn und fahren noch einige Kilometer die Landstraße entlang, vorbei an einer Vielzahl von Geldwechselstellen. Wir queren ein Waldstück und erreichen das Hotel, das glücklicherweise über einen großzügigen Parkplatz verfügt; hier sollten wir alle mit unseren Anhängern ausreichend Platz finden. Das Hotel sieht solide aus. Wir steigen aus, greifen das notwendige

Gepäck und gehen zur Rezeption. Sebastian H. und Manfred sitzen bereits im Restaurant bei einem Bier, winken uns zu, und wir gewinnen den Eindruck, dass alles wie vereinbart abläuft. Wir verabreden uns im Restaurant und beziehen schnell unsere Zimmer. Kurz danach sitzen wir gemeinsam mit Sebastian H. und Manfred im Restaurant. Daria kommt mit den Kindern dazu, Kateryna entscheidet sich sofort für einen Platz auf meinem Schoß. Die Bestellung der Getränke und des Abendessens erweist sich viel leichter als gedacht; der Kellner kommt aus der Ukraine und kann die Anforderungen unserer Familie problemlos entgegennehmen, die sich – trotz des schwarzen Tees zum Abendessen – schon bald übermüdet in die Nacht verabschiedet. Es ist etwas schade, dass die anderen ukrainischen Flüchtlinge bislang noch nicht eingetroffen sind, aber das lässt sich bei derart heterogenen Tagesplänen nicht ändern. Wir sind schon froh darüber, dass wir zum Frühstück alle zueinander finden werden.

UKRAINISCHES "COME TOGETHER" IN SLUBICE

Kurz vor Schließung des Restaurants stellen wir uns die Frage, ob wir noch für den anderen Teil der Gruppe Bestellungen vornehmen sollen. Die Resonanz ist eher verhalten, die anderen Fahrzeuge brauchen einfach noch zu lange, so dass bereits auf Alternativangebote im Fast Food Sektor ausgewichen wurde. Nur Jürgens Wohnmobil mit der sechsköpfigen Familie ist in Reichweite, aber auch hier wurde unterwegs gegessen. Jürgen lässt uns wissen, dass die Familie nach der Ankunft schnell zu Bett gehen wird, er habe allerdings noch Interesse an einem Abendessen. Wir fotografieren die Speisekarte und bestellen entsprechend seiner Vorgabe, auf seinen besonderen Wunsch einschließlich eines Stücks Schokoladenkuchen.

Jürgens Abendessen steht schon einige Zeit auf dem Nebentisch, als er schließlich mit der Familie eintrifft. Es hat mit Sicherheit nicht mehr die optimale Genusstemperatur, aber das ist nicht so wichtig. Wir sprechen über den Tag, trinken das eine oder andere Bier, und nach und nach treffen die anderen Fahrzeuge ein.

Mich bewegt an diesem Abend besonders die Familie aus Kiew, die unser Helfer Ken im Flüchtlingslager in Chelm abgeholt hat, als wir am Morgen nach Warschau aufgebrochen sind. Der Vater trägt seine körperbehinderte Tochter in das Foyer des Hotels und setzt sie in einen Sessel, die Mutter bezieht mit ihrem anderen Kind bereits das Nachtlager. Alle sehen äußerst erschöpft aus, auch Ken. Das behinderte Mädchen ist offensichtlich erkrankt, hat Magen-Darm-Beschwerden – ein Umstand, der die Anreise nach Slubice zusätzlich erschwert hat. Der Vater, ein Chirurg, erzählt mir in perfektem Englisch, dass das Norovirus in der Flüchtlingsunterkunft um sich griff. In der Enge gab es keine Möglichkeit sich dem zu entziehen. Seine Tochter brauche nur einen Tee und eine Scheibe trockenes Brot. Ich gehe zu unserem Auto und hole Brot, Butter, Gouda und Schokolade, das, was nach unserem improvisierten Mittagessen vor der Chelmer Lagerhalle noch übrig war. Das behinderte Mädchen bekommt als Erstes eine Scheibe Brot, weitere Personen werden mit Käsebroten versorgt.

Der Vater des behinderten Mädchens setzt sich später noch zu uns. Er hat das Bedürfnis, von den Zerstörungen und der enormen Bedrohungslage in Kiew zu berichten. Seine Ausreise mit der Familie wurde dadurch möglich, dass die behinderte Tochter besonders hilfsbedürftig ist. Sie sei auf regelmäßige Physiotherapie angewiesen, um überhaupt noch bewegungsfähig zu sein. Als Folge der mehrtägigen Flucht und des Aufenthalts in Flüchtlingslagern habe sich der Zustand des Mädchens rapide verschlechtert. Er hoffe, schnell an seinem Zielort bei Freunden in Belgien zu kommen, um dort die medizinischen Maßnahmen einleiten zu können, die erforderlich sind. Eine ganze Weile sprechen wir noch über Politik, die deutsche Geschichte und die Flüchtlingserfahrungen meiner eigenen Eltern, über Russen, Amerikaner, die Rolle der Nato. Wir erleben einen Menschen, der voll im Leben steht, trotz aller Widrigkeiten ganz viel Zuversicht ausstrahlt und positiv nach vorne blickt. Auch dieses Gespräch wird mir nicht mehr aus dem Kopf gehen.

Der Abend endet wieder mit meinem WhatsApp-Status. Mein Leserkreis ist weiter deutlich angewachsen, das Interesse an unserer Hilfsaktion überwältigend. Menschen, zu denen ich mehrere Jahre keinen aktiven Kontakt hatte, sind plötzlich dabei und melden sich mit motivierenden Kommentaren. Es ist ein schönes Gefühl, dass wir so viele Menschen kennen, denen Tragödien, wie sie aktuell vor unserer Haustür geschehen, nicht gleichgültig sind! Ich beschließe ein letztes Statusupdate vorzunehmen – ohne Bilder, nur einen kurzen Text.

Mein letztes Statusupdate bei WhatsApp in Slubice:

„Heute das letzte Update! Wir möchten keine persönlichen Bilder teilen. Unsere Gruppe hat 37 Flüchtlingen geholfen, alle kommen an einen Punkt, wo es für sie „gut“ weitergeht, und wir werden das weiter eng begleiten. Stefanie und ich haben uns um eine Mutter mit ihren zwei süßen Töchtern gekümmert, die morgen mit uns zu ihrer Tante nach Siegburg fahren. Sie kommen aus Dnipro – im Dreieck Kiew/Mariupol/Charkiw –, haben selber Bomben erlebt und Angst um ihren Ehemann und Vater, der zurückbleiben musste. Sie sind dem Horror entkommen, und auf dem Spielplatz eines Rasthofes haben wir alle zusammen heute Freude gehabt. Danke euch allen für euer Interesse!“

Der nächste Morgen gleicht ein bisschen einem Familientreffen, bei dem das Frühstück zur Nebensache gerät. Die Helfer freuen sich über das Wiedersehen – man schlägt sich ab, umarmt sich auch. Unter uns mischen sich die 16 Ukrainer, die im Hotel übernachtet haben. Kateryna sucht wieder den direkten Kontakt zu mir. Für mich ist etwas überraschend, dass sich die einzelnen ukrainischen Gruppen nicht stärker mischen, auch nicht die zahlreichen Kinder. Man spricht miteinander, ist froh, Menschen aus der Heimat zu sehen, die die gleiche Sprache sprechen. Aber ich habe den Eindruck, dass alle auf ihre Weise stark mit sich selbst beschäftigt sind, ihren Gedanken nachhängen und sich fragen, wie es wohl weitergeht. Die sechsköpfige Familie sitzt zusammen, die Kiewer Familie mit dem behinderten Kind, Daria mit ihren beiden Töchtern und die Großmutter, die mit ihren zwei heranwachsenden Enkeln geflohen ist, während die Eltern in Kiew zurückgeblieben sind. Mich beeindruckt sehr, dass sich unsere Helferin Kathrin, die selber drei kleine Kinder hat, entschloss, die Großmutter mit den beiden Enkeln in ihrer Einliegerwohnung aufzunehmen und auf die eigentlich geplante Belegung bis auf Weiteres zu verzichten.

Jede dieser Familien hat ihre persönliche Tragödie, und wir können nur einen kleinen Beitrag leisten, dass sie diese etwas besser in den Griff bekommen. Wir haben es hoffentlich geschafft, diesen Menschen erstmal eine Perspektive zu bieten, indem wir sie an einen sicheren Ort bringen, wo sie die nächste Zeit verbringen können;

und wir werden uns selbstverständlich weiter um „unsere“ Familien kümmern.

Stefanie übernimmt die Abrechnung im Hotel, sie hatte ja schon die Reservierungsherausforderung gemeistert. Wir treffen die Hotelchefin wieder. Sie zeigt sich nochmals deutlich offener als am Vorabend und fragt nach der Personenzahl, differenziert nach Kindern und Erwachsenen. Es dauert eine Weile, bis sie auf den Rechnungsbetrag kommt, den vereinbarungsgemäß der Verein Menschenfreude e.V. übernimmt. Wir sind berührt, als sie uns gegenüber erläutert, dass die Kinder nicht mitgerechnet werden; der sich ergebende Rechnungsbetrag liegt weit unter unseren Erwartungen. Die Hotelchefin teilt unsere Empfindungen. Tränen laufen über ihre Wangen, als sie über das Leid der ukrainischen Flüchtlinge spricht. Sie schüttelt den Kopf und zeigt ihr Unverständnis darüber, was Menschen fähig sind, anderen Menschen anzutun. In ihren Worten steckt auch eine Menge Angst; Angst davor, wie der Konflikt weitergeht und sich gegebenenfalls ausbreitet. Immer noch sehr bewegt findet sie lobende Worte der Anerkennung für unseren Einsatz. Es freut uns natürlich, und es motiviert unwahrscheinlich, wenn andere Menschen unser Tun mitfühlend unterstützen durch gute Worte, ehrliche Anteilnahme und am Ende auch einen deutlich reduzierten Rechnungsbetrag. Die Hotelchefin greift unter den Anmeldetresen und überreicht Stefanie stellvertretend für die Gruppe einen großen Porzellanosterhasen; es ist ihr ein Anliegen, auf diese Weise ihren Respekt zum Ausdruck zu bringen. Diesmal laufen bei uns die Tränen.

Die gesamte Gruppe versammelt sich vor dem Hotel. Bevor alle auf das letzte Teilstück aufbrechen, möchte Jürgen noch einige Worte an die Gruppe richten. In der wärmenden Morgensonne spielen die Kinder, Kateryna sucht wieder meine Schultern. Wir stellen eine Kiste Bio-Äpfel auf das Mäuerchen vor dem Hotel; die Äpfel wurden im Vorfeld der Reise von einem Bauern im Münsterland gespendet. Die verbliebenen Schokoriegel legen wir dazu, ebenso wie diverse Corona-Schutzmasken für Erwachsene und Kinder – schließlich reisen wir in Kürze nach Deutschland ein, wo immer noch strenge Schutzvorschriften gelten.

Wir machen einige Fotos von der Gruppe, und Jürgen beginnt seine Rede. Neben ihm steht die Frau des Kiewer Arztes mit ihrem Baby auf dem Arm, die seine Worte ins Ukrainische übersetzt. Jürgen findet spontan sehr treffende Worte, die im Wechselspiel zwischen Englisch und ukrainischer Übersetzung noch bewegender wirken. Gänsehaut, ergriffene Gesichter und eine kleine Freude über das Erreichte beschreiben die Stimmung am besten.

Die auf dem Mäuerchen abgelegten Dinge werden verteilt und langsam, aber sicher setzen sich alle in Bewegung. Daria und die Kinder haben wieder ihre Stammplätze eingenommen, und wir starten. Wenige Minuten später überqueren wir die Grenze nach Deutschland:

Kein Grenzpersonal, keine Passkontrollen. Wir hatten uns durchaus im Vorfeld gefragt, ob es bei der Einreise Probleme geben kann, zumal von den Kindern nur Geburtsbescheinigungen vorliegen. Daria und Natalia schauen aufmerksam aus dem Fenster, gespannt, wie es für sie in Kürze weitergehen wird.

Jürgen Pertecks Schlussworte in Slubice:

„We as human beings will help you. We will help your country as much as our possibilities are given. Please, let us know, where we can help. We have all kinds of different persons in our group who you have got to know in the last 24 hours and we will keep in touch wherever our final destination will be. And one day, I pray to god, that we will see each other in your beautiful country again. Now I wish you a very nice day and a good safe journey. And thank you for the trust you gave us as a group. It will not be finished with today or next week."

Kurze Zeit später signalisiert uns Daria, dass sie keine Internetverbindung mehr hat. Daran hatten wir gar nicht gedacht – was in Polen noch reibungslos funktionierte, kommt in Deutschland zum Erliegen. Und das hat nichts mit dem schlechten Netzausbau zwischen Berlin und Frankfurt/Oder zu tun. Daria ist nervös. Für sie ist die Internetverbindung sehr wichtig, um Kontakt in ihre Heimat zu halten. Schon am Vortag hatten wir den Eindruck, dass sie fast eine Standleitung dorthin unterhält. Mit einem Hotspot gelingt es uns, das Problem für die Fahrt zu lösen. Die Tante würde nach Eintreffen in Siegburg schon helfen, für eine stabile Lösung zu sorgen, die Daria die notwendige Verbindung zur Heimat ermöglicht.

Wir legen die Strecke erstaunlicherweise staufrei zurück. In Westfalen begegnet uns noch einmal ein anderes Fahrzeug unseres Konvois: Kathrin und Sebastian S. zusammen mit der Großmutter und den beiden Enkeln auf der Rückbank – wir winken uns zu. Am späten Nachmittag fahren wir an Wuppertal und Remscheid vorbei, leicht abschüssig auf Köln zu. Wir versuchen den Kölner Dom auszumachen. Oft haben Stefanie und ich ein schönes Gefühl erlebt, wenn wir nach Reisen ins Rheinland zurückkehrten und das erste Mal dieses beeindruckende Bauwerk wieder sahen – für uns bedeutet das Heimat. Es sind nur wenige Sekunden, in denen die Natur den Blick auf den Dom freigibt. Das reicht nicht, um auch Daria und den Kindern den Dom zu zeigen. Sicher ist Daria mit ihren Gedanken schon bei ihrer Tante, die sie vor fünf Jahren zum letzten Mal gesehen hat. Auf dem Navigationsgerät kann sie die Ankunftszeit ablesen und weiß, dass diese gemeinsame Reise in Kürze ein Ende finden wird.

Wir erreichen Siegburg, manövrieren uns durch kleine Wohnstraßen. Daria informiert ihre Tante telefonisch über unsere bevorstehende Ankunft. Wir biegen rechts ab und sehen auf der linken Seite ein Mehrfamilienhaus, vor dem einige Menschen offensichtlich warten. In einer Parkbucht können wir gut anhalten. Daria und Natalia steigen aus, fallen der Tante in die Arme, Tränen der Freude und der Sorge. Auch wir begrüßen Darias Familie. Wir erfahren, dass die Tante und ihre Schwester bereits mehrere Flüchtlinge aus der Ukraine aufgenommen haben – man sei in den kleinen Wohnungen zusammengerückt.

Kateryna sitzt weiterhin auf dem Rücksitz, angeschnallt, auf den Boden blickend und nicht willens, das Auto zu verlassen. Ich beuge mich zu ihr hinein und kann ihren Widerstand nach und nach brechen. Sie klammert sich mit ihren kleinen Händchen an meinen Nacken, vergräbt ihr Gesicht an meiner Schulter. Die Verwandten, die Kateryna zum ersten Mal sehen, wollen das Kind drücken, aber das gelingt nicht. Je mehr sie es versuchen, desto fester hält sie sich an mir fest. Es ist eine beinahe herzzerreißende Szene, und ich weiß auch nicht, wie ich diese Situation meistern soll. Daria hilft dabei. Wir geben ihr noch einen schönen Wintermantel, den wir für Natalia ausgesucht hatten, den Daria ohne ihre Tante vermutlich nie angenommen hätte. Auch die Bauklötze, die von Swisttal nach Dorohusk und zurück gefahren sind, geben wir ab und sind sicher, dass es angesichts der hier untergekommenen Flüchtlinge eine gute Verwendung dafür geben wird. Vereinbarungsgemäß geben wir Daria noch einen Geldbetrag aus den uns überlassenen Spendenmitteln des Vereins, der ihr die ersten Tage in Deutschland erleichtern soll. Wir drücken uns, und ich spüre eine tiefe Dankbarkeit. Kateryna gebe ich einen Kuss auf ihr krauses Haar. Dann verlassen wir Siegburg.

EIN BESUCH IM ZOO – DAS ZWEITE WIEDERSEHEN

Die Tage nach unserer Rückkehr sind gekennzeichnet von den Anstrengungen der Reise. Nach 3.500 km Autofahrt in 5 Tagen und den nachhaltig wirkenden Eindrücken aus Polen fühlen wir uns körperlich und mental „platt". Wir nutzen den Sonntag so, wie er eigentlich sein sollte – als Ruhetag. Ab Montag holt uns wieder der Alltag im Büro ein. Es fällt nicht leicht, wieder in den Rhythmus zu kommen. Auch hier ist schön zu erfahren, dass viele Kolleginnen und Kollegen interessiert, was wir erlebt haben.

Im Laufe des Vormittags bekomme ich eine Nachricht von Marek. Er hatte wieder an der Grenze zwei Ukrainerinnen abgeholt, diesmal mit Ziel Utrecht. Die Transfermöglichkeiten von Warschau haben sich wegen der steigenden Flüchtlingszahlen weiter verschlechtert. Er hat sich dazu entschieden, zwei Flixbus Tickets zu kaufen, um die beiden Frauen bei ihrer Reise zu unterstützen. Da die Frauen sehr plötzlich in der Ukraine aufbrechen mussten, haben sie keine Pässe dabei. Marek will wissen, ob das bei der Einreise nach Deutschland ein Problem darstellt. Ich kann das nach unserer Erfahrung verneinen.

Gegen Ende der Woche nehmen wir wieder Kontakt zu „unserer" Familie in Siegburg auf, das erste Mal nach der gemeinsamen Rückreise. Die Tante ist bei der Übersetzung eine große Hilfe. Wir erkundigen uns, ob wir weiter unterstützen können, ob etwas benötigt wird. Es wundert uns nicht, dass dies verneint wird. Trotz aller Widrigkeiten ist der starke Wille spürbar, sich selbst zu organisieren, unabhängig zu sein. Aber es stellt sich heraus, dass sich „unsere" ukrainische Familie gerne mit uns treffen möchte. Angesichts des schönen Wetters verabreden wir uns für Sonntag zu einem Besuch im Kölner Zoo. Die Tante wird die Familie zu uns nach Brühl bringen, in Köln bei Freunden warten und von dort den Rücktransport übernehmen.

Das Vorhaben stößt auch bei unserem volljährigen Sohn Jannes auf Resonanz. Er hatte schon aufmerksam meine Status-Updates verfolgt und bekundet jetzt Interesse, trotz Abiturvorbereitung mit in den Zoo zu kommen. Das überrascht uns, und es ist auch wieder eine dieser vielen Solidaritätsbekundungen, die allen Betroffenen guttun.

3 Fragen an Yana aus Kiew, 12 Jahre (3 | 3):
Wie geht es dir in Deutschland?

„Hier in Deutschland sind alle sehr hilfsbereit und sehr freundlich zu uns. An meiner Schule habe ich schon viele Freundinnen gefunden, die sehr nett sind. Wir schreiben uns über WhatsApp, manche rufen mich auch an, damit wir nachmittags etwas zusammen machen können. Das ist schön. Aber ich habe trotzdem Heimweh."

Mittags klingelt es an unserer Haustür. Wir öffnen, alle strahlen, Daria und die Kinder sehen ausgeruht aus – kein Vergleich zur Vorwoche. Wir umarmen uns. Nach der langen und intensiven Rückreise ist dieses Aufeinandertreffen fast schon ein Selbstläufer. Die Familie zieht sofort ihre Schuhe aus und kommt herein.

Bei Kateryna zeigt sich keine Spur von Fremdheit, sie freut sich erkennbar. Kaum eingetreten, beginnt sie sich zu orientieren – ich fühle mich an den Besuch bei Marek und Zuzanna in Warschau erinnert, als mich die Kleine an die Hand nahm und mir das ganze Haus zeigte. So kommt es auch hier. In Jannes Zimmer findet Kateryna die beiden goldenen Luftballons in Form einer „1“ und einer „8“, die zum 18. Geburtstag mit Luft gefüllt waren und jetzt allmählich an Spannkraft verlieren; die „8“ möchte sie nicht mehr abgeben. Im Zimmer meines zweiten Sohnes, der studienbedingt an diesem Wochenende nicht in Brühl ist, interessiert sie ein Gruppenfoto, will offensichtlich wissen, wer dort abgelichtet wurde. Ich versuche ihr zumindest klar zu machen, wer mein Sohn ist und dass er in diesem Zimmer wohnt. Die Hausführung endet im Keller, wobei hier das Interesse des Kindes allmählich nachlässt.

Wir kehren zurück zum Rest, der sich noch mit einigen Kleidungsstücken beschäftigt, die Stefanie im Vorfeld zusammengestellt hatte. Den Höhepunkt bildet Stefanies alter Barbie Koffer, der Jahrzehnte in einem Kellerraum stand, weil er für unsere Söhne nicht von Interesse war. Die beiden Mädchen haben erkennbar Spaß daran, beginnen die Puppen auszupacken, zu kämmen, zu spielen. Wir sind froh, dass es jetzt eine gute Verwendung hierfür gibt.

Wir starten in Richtung Zoo, die Sitzordnung auf der Rückbank ist bereits bekannt; Jannes fährt uns hinterher. Von Brühl aus fahren wir über die Luxemburger Straße Richtung Köln; auf diesem Stück ergibt sich immer wieder ein schönes Panorama von der Stadt mit dem Dom als Mittelpunkt. Die ukrainische Familie ist sehr interessiert. Auch wenn es nicht weniger Sorgen geworden sind, merkt man doch, dass sich mit dem Ankommen am Zielort, dem inzwischen aufgebauten Vertrauen und mit dem Abbau des Schlafdefizits die Stimmung aufgehellt hat, vielleicht sogar etwas Zuversicht zurückkehrt. Als wir auf den Zoo zufahren, vor dem ein Riesenrad steht, werden die beiden Mädchen zunehmend unruhig und können es kaum erwarten auszusteigen. Es dauert noch einen kleinen Moment, bis wir einen Parkplatz finden.

Dann geht es los – die Mädchen ziehen uns regelrecht zum Haupteingang; auch Jannes gefällt die Situation. Der Kölner Zoo hat eine gute Regelung für ukrainische Flüchtlinge getroffen. Wir besorgen die stark reduzierten Tickets und los geht's. Kateryna erklimmt wieder meine Schulter, ich muss etwas aufpassen, dass ich Natalia nicht vernachlässige. Wir folgen der Standardroute und offensichtlich gibt es Tierbezeichnungen, die in unseren beiden Sprachen ähnlich klingen; „Flamingo" ist so ein Beispiel. Darias Mutter meldet sich per Videoanruf aus Dnipro. Ich bekomme nicht viel von dem Telefonat mit. Die Grundstimmung scheint entspannter zu sein, und Daria dreht ihr Smartphone, um ihrer Mutter die kleine Kateryna auf meinen Schultern zu zeigen.

Wir passieren die Erdmännchen, suchen die versteckten Bären und sehen einzelne Löwen und Geparden herumschleichen. Die Mädchen geben zu verstehen, dass sie sich besonders auf die Elefanten freuen. Wir entscheiden uns aber, erst einmal bei der Pavian-Fütterung zuzusehen. Unsere beiden Mädchen stehen in der ersten Reihe und begutachten aufmerksam das wilde Treiben. Wir essen selber noch eine Banane, und dann geht es weiter zu den immer noch sehnsüchtig erwarteten Elefanten. Im Elefantenhaus selber ist die Ausbeute zunächst bescheiden, wir sehen keine Tiere – Verwunderung macht sich breit. Als wir dann das Außengehege inspizieren, sieht es auf einmal ganz anders aus. Wir beobachten andächtig den Umgang der gewaltigen Dickhäuter miteinander, bis Kateryna den dahinterliegenden Spielplatz in ihr Visier nimmt.

Jetzt muss es schnell gehen. Wir eilen dorthin, und ich fühle mich an unsere Toberei auf dem Rastplatz erinnert. Auch Jannes wird angesteckt und schaukelt mit Natalia. Anfangs unsicher verstehen wir, dass er kräftig schaukeln soll – „schneller“ ist die Ansage. Kateryna nutzt so ziemlich jedes Spielgerät, auch diejenigen, für die sie eigentlich noch zu klein ist. Zur Sorge ihrer Mutter bleibt sie uneinsehbar in einem Spielturm stecken, weil sie sich weder traut, vorwärts noch rückwärts zu bewegen. Dieses Phänomen ist auf Spielplätzen bekannt, und üblicherweise löst es sich, wenn man etwas Zeit mitbringt. So auch bei Kateryna!

Daria macht uns aufmerksam, dass auch andere ukrainische Familien auf dem Spielplatz unterwegs sind. Ich habe den Eindruck, dass das allen gut tut – ein bisschen Verbundenheit zur ukrainischen Heimat im Kölner Zoo. Der Aufbruch vom Spielplatz gestaltet sich schwierig. Kateryna hat unter Tränen für sich entschieden, dass sie lieber alleine auf dem Spielplatz zurückbleiben möchte. Ich halte mich aus der Debatte raus – jetzt ist die Mutter gefordert. Das Loseisen gelingt schließlich, und zunehmend kehrt wieder Normalität zurück, einschließlich des Anspruchs auf den Schulterplatz. An Seehunden, Pinguinen und Giraffen vorbei ziehen wir zum Ausgang – mir fällt auf, dass die Kinder sich auffallend für Vögel interessieren; eigentlich Tiere, bei denen viele Besucher nur kurz stehen bleiben. Am Ausgang landen wir wieder auf einem – diesmal deutlich kleineren – Spielplatz.

Ich habe mir überlegt, dass ich Natalia noch etwas Gutes tun möchte. Zu oft muss sie hinter ihrer kleineren Schwester zurückstehen. Auch Katerynas Glutenunverträglichkeit sowie Laktoseintoleranz haben sich öfter als Hürde erwiesen, z.B. als in Slubice kein Organgensaft bestellt werden durfte. Ich mache Daria klar, dass ich gerne noch mit Natalia ein Eis essen möchte. Wir stehlen uns davon und verlassen den Zoo. Die Eisauswahl ist wieder eine Herausforderung; dank Google Übersetzer wird schließlich klassisch Schokolade und Zitrone ausgesucht – keine Experimente. Natalia bekommt das Eis im Becher und genießt dieses langsam, sehr langsam. Damit Kateryna nichts erfährt, machen wir einen Spaziergang zur nahegelegenen Flora. Ich zeige Natalia den frühlingshaften Park. Ein Blick in den Eisbecher zeigt indes: Das kann noch dauern.

In der Zwischenzeit haben sich die anderen zum Riesenrad begeben und warten dort auf uns. Kateryna ist sicher nicht dauerhaft abzulenken und wird sich fragen, wo wir sind. Auch Stefanie und Daria werden langsam ungeduldig. Natalia hat eine gute Idee: Sie verweist auf das laktosefreie Eis, das ihre Tante in Siegburg eingekauft hat – Kateryna könnte doch dort noch ihren Eisgenuss nachholen.

Das überzeugt, und wir gehen zu den anderen; Kateryna hat mit dem Eis kein erkennbares Problem, sie möchte nur Riesenrad fahren. Ich erkundige mich an der Kasse und bekomme sofort drei Freitickets, als ich erwähne, dass Daria mit ihren Mädchen aus der Ukraine kommt. Wir schauen den dreien im Riesenrad zu, in dem sie eine ganze Weile sitzen bleiben dürfen. Gerade bei einbrechender Dunkelheit wirken die bunten Lichter der Stadt nochmal deutlich faszinierender. Nach Ende der Fahrt teilen wir unsere Fotos.

Natalia hatte sich im Riesenrad offenbar ein paar Brocken ihres Grundschulenglisch zurechtgelegt und kommt strahlend auf mich zu: „Köln is a beautiful city!“

Ich muss schmunzeln und führe den Satz gedanklich fort: „Auf den zweiten Blick“. Vermutlich hat Natalia gar nicht die durchaus diskutable Schönheit der wieder aufgebauten Großstadt gemeint, sondern die ablenkenden Glücksmomente, die sie heute Nachmittag erlebt hat.

BILDER DER HILFSAKTION

Während unseres Hilfseinsatzes sind viele Fotos entstanden, teilweise auch sehr persönliche, zum Beispiel von Daria und ihren Töchtern. Die meisten Aufnahmen sollen hier bewußt nicht gezeigt werden, denn die Geflüchteten haben ein Recht darauf, dass ihre Privatsphäre geschützt wird. Bei den hier veröffentlichten Bildern liegt entweder die ausdrückliche Erlaubnis der abgelichteten Personen vor oder sie wurden so bearbeitet, dass die Gesichter nicht erkennbar sind. Ausschließliches Ziel ist es, die erlebte und sehr berührende Stimmung in diskreter Form zu vermitteln.

In St. Augustin haben wir unseren Anhänger beladen. Dabei wurde der verfügbare Platz optimal ausgenutzt.[1]

Obwohl wir bereits zahllose Kisten und Plastiksäcke in den Anhänger gebracht hatten, wirkte Jelenas Boutique alles andere als leer.[1]

Die Spendenbereitschaft war überwältigend. Die ehrenamtlichen Helfer kamen mit dem Sortieren und Verpacken kaum nach. Permanent trafen neue Spendenlieferungen in Swisttal ein.[1]

Dank einiger Sponsoren standen geeignete Fahrzeuge zur Verfügung, um die humanitären Hilfsgüter zu transportieren.[1]

Der West-Ost-Express setzte sich in Bewegung, später war das Fahrtempo sehr individuell.[2]

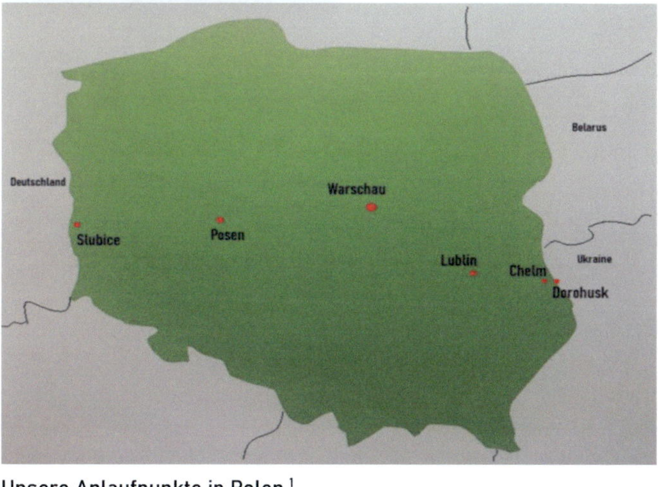

Unsere Anlaufpunkte in Polen.[1]

Der Zufgriff auf gespendete Kleidung im Warschauer Flüchtlingslager erfolgte in Eigenverantwortung und auffallend rücksichtsvoll.[3]

Auf dem Tresen im Flur des Flüchtlingslagers stand eine von einem Kind gemalte Karte mit einer Solidaritätsbekundung: "Wir sind mit euch!"[1]

Viele Kinder verfolgten neugierig das Geschehen vor dem Warschauer Flüchtlingslager.[1]

Bei ihrem Werkstattbesuch in Lublin trafen Kathrin und Sebastian S. auf einen Mann, der ihnen seine bewegende Fluchtgeschichte erzählte. Ihm war es wichtig, allen zu zeigen, was in seiner Heimat passiert.[2]

Das Logo des gemeinnützigen Vereins Menschenfreude e.V., der die Hilfsaktion organisiert hatte.[3]

Die Hinweisschilder machten deutlich, wie nah wir inzwischen dem Kriegsgebiet gekommen waren.[1]

Das Steinkreuz der Chelmer Baptistenkirche wirkte wie ein Zeichen des Friedens und versprach den Flüchtenden Sicherheit.[1]

Im Chelmer Flüchtingslager konnten wir einen Großteil unserer Hilfsgüter ausladen.[1]

Ein großes Bettenlager war direkt im Chelmer Kirchenraum eingerichtet. Die Kirchenbänke waren hochgestellt, um Platz zu schaffen. Uns berührte sehr, als sich ein Mädchen an ein Klavier setzte und eine melancholische Melodie spielte.[2]

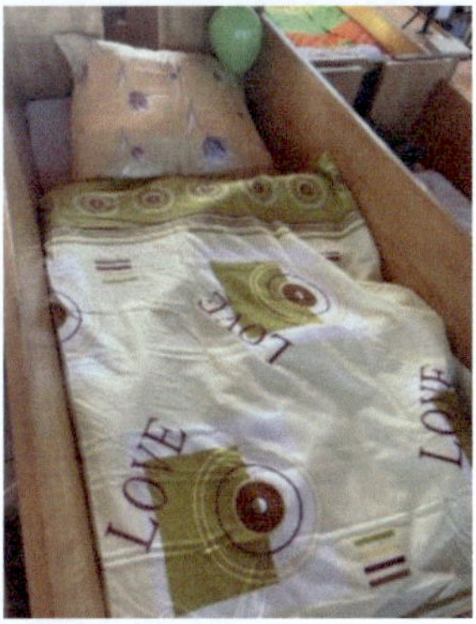

Dieses Bild sagt alles über die Herzlichkeit an diesem Ort. Der Luftballon deutet darauf hin, dass unter fürchterlichen Bedingungen ein Geburtstag gefeiert wurde.[2]

Der Bedarf an Hygieneartikeln in einem Flüchtlingslager dieser Größe ist erheblich.[1]

Im Chelmer Gewerbegebiet konnten wir Hilfsgüter für den kurzfristigen Weitertransport in das Kriegsgebiet abgeben.[1]

Stärkung nach dem Entladen und vor der Fahrt an die Grenze.[3]

Kurz nach Kriegsbeginn wurde in Polen eine App entwickelt, in der alle drei Stunden aktualisiert wird, welcher Hilfsbedarf an den einzelnen Grenzübergängen besteht.[1]

Dorohusk gehört zu den kleineren Grenzübergängen. Militärische Präsenz haben wir hier nicht wahrgenommen.[3]

Zu Fuß passierten kleine Flüchtlingsgruppen die ukrainisch-polnische Grenze, oft nur mit wenig Gepäck.[3]

Einige Hilfsorganisationen hatten sich an der Grenze postiert, um die Flüchtlinge mit dem Nötigsten zu versorgen. Die Unterstützung durch weitere freiwillige Helfer war sehr willkommen; es gab genug zu tun.[3]

Das in Friedenszeiten übliche Verpflegungsangebot wurde den Flüchtlingen kostenlos zur Verfügung gestellt.[2]

Trotz des Sonnenscheins war es am Grenzübergang eiskalt und windig. Wärmende Winterkleidung war unbedingt erforderlich, um länger im Freien aushalten zu können.[2]

Wärmende Feuer machten die Kälte erträglicher.[2]

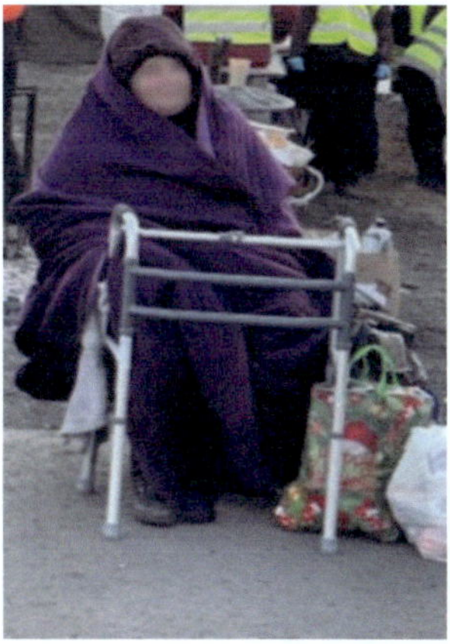

Die alte Frau saß traumatisiert wirkend auf ihrem Rollator und wartete lange Zeit darauf, abgeholt zu werden. Sie fror, und wir konnten ihr mit wärmenden Decken helfen.[3]

Internationale Journalisten berichteten direkt vom Grenzübergang.[2]

Auch Tiere verließen zusammen mit ihren Besitzern die Ukraine. Wir hatten Tiernahrung in unseren Anhängern und konnten diese an verschiedenen Stellen abgeben.[2]

Die Wege am Grenzübergang waren zugestellt mit dem wenigen Gepäck, das die Flüchtlinge bei sich hatten.[2]

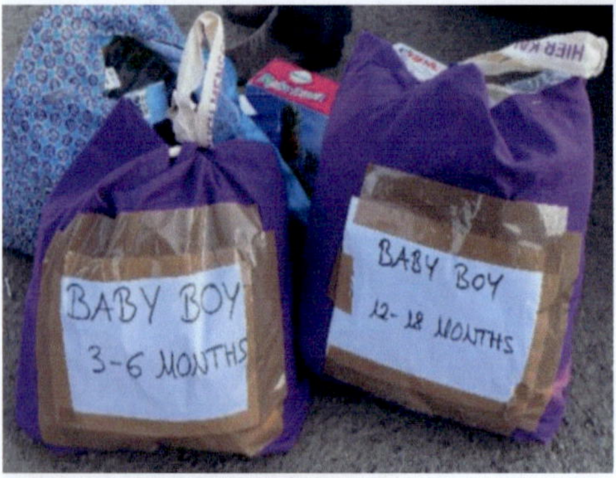

Die Welcome-Packs für Babys in violetten Beuteln waren liebevoll gepackt. Es gelang uns, alle Beutel gezielt an Bedürftige zu übergeben. So hatten sich unsere Spender das sicher vorgestellt![1]

Die Hotelchefin in Slubice überreichte uns einen Porzellanosterhasen als Ausdruck der Dankbarkeit für das Engagement. Tief berührt honorierte sie dieses auch mit einem deutlich reduzierten Rechnungsbetrag.[2]

Bildnachweis:
1 Eigene Bilder
2 Bilder von Kathrin Anderseck
3 Bilder von Jürgen Perteck